인생을 바꾸고 싶다면 서랍부터 정리하세요

탐탐 07
교양관

인생을 바꾸고 싶다면
서랍부터 정리하세요

수납의 끝판왕!
10년 정리 전문가의 노하우 대방출

이은영
(더 프레젠트)
지음

3000곳의 집을 컨설팅하며 찾아낸 정리 시스템의 비밀

ORGANIZE

21세기북스

Prologue

무엇을 위해
정리를 하나요?

물건 버리기가 정리 정돈의 대명사가 되어 버린 시대다. 어떤 이들은 집 정리를 하려면 물건부터 버리라고 강조한다. 물건을 버려야 동선이 보인다면서 말이다. 그래서인지 인터넷에 '미니멀 라이프'라고 치면 텅 빈 거실 바닥에 앉아 무릎 위에 아슬아슬하게 노트북을 올려놓은 이미지가 검색된다. 왜 그러고 살아야 하는 것일까? 반면, 집을 설레는 물건으로 채워야만 행복하다고 말하는 이도 있다. 마음에 드는 가위 하나를 집에 들이기까지의 과정을 듣고 있노라면, 마치 인간이 물건을 소비하기 위해 태어난 소비재로 전락한 느낌이 든다.

이쯤에서 다시 한번 생각해보자. 물건이 주체인 공간을 창고라고 부른다. 나는 창고에서 살고 싶지 않다.

공간의 용도를 정하는 정리 정돈

정리 컨설턴트 겸 강사로 활동한 지 10년이 되었다. 10년 전, 나도 정리는 물건 버리기부터 시작해야 한다고 배웠다. 종류별로 물건을 모으고, 바구니에 담아서 라벨링 하라고 강의하고 컨설팅 했다. 하지만 경험을 통해 잘못된 방법이라는 사실을 깨달았다. 물건을 바구니에 정리한 상태로 쓰기는 어렵다. 그러면 공간의 사용자와는 아무 관계도 없는 물건이 그저 수납공간이 존재한다는 이유로 자리만 차지하게 된다.

어떻게 정리 정돈해야 이 문제를 해결할 수 있을까? 눈뜨는 순간부터 잠들 때까지 3년 정도 연구한 결과, 정리 방법을 우선시해서는 안 된다는 사실이 보이기 시작했다. 그때까지는 컨설팅 전문가인 나도 공간 사용자가 원하는 삶에 대해 알아봐야 한다고 생각하지 못했다. 수납 정리란 결국 공간의 사용자에게 무엇이 필요한지부터 정하는 일에서 시작되는데 말이다. 무엇을 하며 살고 싶은지, 해내야만 하는 일이 무엇인지 알아야 거기에 맞춰 공간의 용도를 정할 수 있다.

태어나는 순간부터 무덤으로 가기까지 누구에게나 발달 시기의 변화에 따라서 필요한 물건이 생겨나고 또 없어진다. 집을 정리할 때는 나의 발달 시기가 어디쯤이고, 어떻게 살아가고자 하는지 먼저 파악해야 한다. 주거 공간이란 삶을 담는 그릇이기 때문이다. 물건이 많은 것, 또는 적은 것은 중요하지 않다. 중요한 것은 공간 사용자의 의도에 맞는 물건만 남기는 것이다. 정리는 거기에서부터 시작된다.

Prologue

서랍을 정리하며 느끼는 것들

일이 잘 풀리지 않을 때, 나는 때때로 책상 서랍을 정리한다. 먼지 쌓이고 삐뚤빼뚤해진 물건들을 정리하다 보면 엉킨 일들에 대한 해결책이 하나씩 떠오른다. 그렇게 생각에 생각을 거듭하다 보면 어느새 문제 해결의 실마리가 보인다.

정리란 그런 것이다. 스스로가 정한 기준대로 공간을 정리하다 보면, 놀랍게도 엉켜 있던 내 인생이 풀리기 시작하는 것을 발견할 수 있다. 내 공간이고, 내 물건이고, 내 삶이니 다른 사람에게 신경 쓰지 말고 나에게 필요한 물건이 무엇인지, 그 물건을 언제 사용하는지만 생각해보자.

자기 공간 정리가 어려워 고통받는 많은 사람을 위해 그동안 축적한 모든 정리 시스템과 노하우를 공개하고자 한다. 정리 성향을 알아보는 법부터 나를 위한 주거 공간 편집 방법과 정리 시스템 만드는 법, 실전 정리 노하우까지 모두 담았다. 아무리 노력해도 정리 정돈이 잘되지 않아 고통받는 사람들에게 이 책이 조금이나마 도움이 된다면 좋겠다.

나는 사용자에게 맞춰 공간에 역할을 부여하는 일을 공간 편집, 공간의 역할에 맞는 구성으로 가치를 찾는 사람들을 공간 에디터라고 부른다. 공간 에디터들에게는 '소미'라는 이름도 붙여줬다. 아름다울 옥 소(珝), 두루 미(彌), 두루 아름다운 사람들. 사람의 삶을 담아내는 수납과 공간에 대한 철학을 연구하고 계승할 공간 컨설턴트들을 양성해, 보다 많은 개개인의 삶을 변화시키는 것이 나의 소명이다. 코로나19로 인해 주거 공간에 있는 시간이 많아지면서 문제점은 더 다양해지고 있다. 더욱더 많은 사람이 공간의 역할을 이해하고 자신의 삶을 위한 정리 정돈을 시작하기를 바란다.

지금까지 뜻을 함께하면서 공간 최적화를 위해 수고하신 더 프레젠트의 소미 선생님들께 진심으로 감사의 마음을 전한다. 더 프레젠트만의 탁월한 콘텐츠를 알아보고 세상 사람들에게 다가갈 수 있도록 출판을 의뢰해준 21세기북스 출판사와 이지연 에디터 및 관계자들께도 무한한 감사를 전한다. 여러분 덕분에 꿈은 이루어진다는 것을 알게 되었다. 지금 이 책을 마주하고 있는 독자에게도 이 말을 꼭 해주고 싶다.

"인생은 선물이다(Life is the Present.)"

삶은 선물이고, 그 선물은 지금 이 순간이라고. 혹시라도 한 줄기 빛이 보이지 않는 터널에 갇혀 있는, 절망에 빠져 있는 순간이라도 늦지 않았다. 지금, 서랍 정리부터 시작해보자.

소미스와 함께,
더 프레젠트의 소미 이은영

Contents

Prologue 무엇을 위해 정리를 하나요? ———————————— 004

Inside
우리 집 정리 시스템 만들기

Checklist 나의 정리 성향 체크리스트 ———————————— 014
Standard 버릴 것, 남길 것, 나눌 것 ———————————— 016
System 다시 정립하는 수납의 정석: 정리 시스템 ———————— 018

How to
공간의 역할을 찾아주는 정리의 법칙

Part 1. 나를 위한 주거 공간 편집

[전략적 미니멀 라이프의 삶]

미니멀 라이프에 대한 편견과 진실 ———————————— 029
아무리 정리해도 해결되지 않는 이유가 뭘까? ——————————— 034
정리란 삶의 자세를 결정하는 것 ———————————— 037
나는 무엇을 하고 살고 싶은가? ———————————— 039
매일 생각만 하던 우리 집 정리의 출발선 ——————————— 043

[상쾌한 공간, 기분 좋은 하루]

사용자와 역할에 맞는 공간 편집 ———————————— 046

호텔 같은 침실은 힐링의 공간이 된다 ― 050
침대 배치가 수면의 질을 좌우한다 ― 053
청결한 욕실은 상쾌한 하루를 열어준다 ― 056

Part 2. 모든 공간에는 역할이 있다

[의식주 첫 번째, 옷 정리의 모든 것]

왜 항상 입을 옷이 없을까? ― 061
계절별로 옷을 정리하면 안 되는 이유 ― 065
모든 물건 정리에는 우선순위가 있다 ― 069
수납공간의 재발견 ― 073
반드시 접어서 수납해야 하는 의류 ― 077
세상에서 가장 쉽고 스마트하게 옷 접는 방법 ― 080

[가족 라이프 스타일에 맞는 거실 정리법]

가족 발달 주기에 따라 거실의 용도를 결정하라 ― 086
우리가 몰랐던 명품 수납의 비밀, 물건의 연관성(3W) ― 090
가족이 공동으로 사용하는 물건 수납법 ― 094
도와줘요! 잡다한 서류 정리 ― 097
앨범 속에는 행복한 추억으로 가득하다 ― 103
온 가족이 함께 즐길 수 있는 공간의 비밀 ― 107
깔끔한 전선과 케이블 정리 방법 ― 110
홈 트레이닝 운동 기구 간단 정리법 ― 113

[정리의 완성은 발코니 잡동사니로부터]

수납공간이 넓다고 정리 정돈이 해결되지 않는다 ― 117

Contents

가정 경제 살리는 새 상품 수납의 비밀 — 120
일상이 편리해지는 물건의 제자리 찾기 — 123
`Zoom in` 발코니 수납공간 평면도 — 126

[주방 정리의 생명은 동선이다]
왜 모두 같은 수량의 물건을 가지고 살아야 할까? — 128
주방의 일에는 진행 순서가 있다 — 131
준비대에는 어떤 물건을 수납할까? — 136
요리가 하고 싶어지는 양념 수납 — 139
셰프도 부러워하는 조리 도구 정리 비결 — 143
작은 물건들은 한눈에 보이도록 — 146
`Zoom in` 개수대 하부장 완전 정복 — 149
적극 활용해야 하는 텀블러 수납 노하우 — 150
밥때가 두렵지 않은 냄비, 프라이팬 정리 — 153
`Zoom in` 동선이 살아 있는 싱크대 도면 — 155
12첩 밥상 차리는 냉장고 정리 노하우 — 156

[연령에 맞는 방 구성은 자녀의 인생을 바꾼다]
신생아기 : 엄마가 편해야 자녀가 행복해진다 — 161
아동기 : 세 살 버릇 여든 간다 — 164
학령기 : 자기 주도 학습 능력을 형성하는 방 꾸미기 — 167
청소년기 : 아이의 독립성을 존중하라 — 170
학습에 도움이 되는 수납법 — 173
진가를 발휘하는 추억의 물건 정리 방법 — 176

Part 3. 당신의 삶을 정리해드립니다

[베테랑 정리 컨설턴트의 TIP]

이럴 수가! 다리미질이 즐겁다니 — 181
행복이 흐르는 취미 공간의 정석 — 183
재택근무 두렵지 않은 심플 서재 만들기 — 186
확장형 아파트라 발코니 수납장이 없다고요? — 188

[실전 정리 컨설팅 비포 앤 애프터]

은퇴 시기 부부의 알파룸 컨설팅 — 192
4인 가족의 주방 컨설팅 — 194
3대가 함께 거주하는 가족의 거실 컨설팅 — 196

부록 우리 집 정리 정돈 보고서 — 198

우리 집 정리 시스템 만들기

Checklist

나의 정리 성향 체크리스트

A
- 2년 이상 입지 않은 옷이 몇 벌인지 알 수 없다. ☐
- 가방 속에 무엇이 들어 있는지 잘 모른다. ☐
- 쇼핑할 때 구입 품목을 메모하지 않는다. ☐
- 모든 물건을 충분히 갖고 있지 않으면 불안하다. ☐
- 필요하지 않아도 사은품은 무조건 받아온다. ☐

B
- 물건이 어디 있는지 잘 알지 못한다. ☐
- 사용할 물건을 꺼내기가 귀찮다. ☐
- 가족들이 필요한 물건을 찾지 못하는 경우가 많다. ☐
- 물건을 휙 던져놓는 일이 많다. ☐
- 집을 나설 때 잊고 나가는 물건이 많다. ☐

C
- 치워도 금방 어지르기 때문에 정리하기 귀찮다. ☐
- 보이는 곳만 청소하고, 애매한 물건은 무조건 안 보이는 공간에 집어넣는다. ☐
- 가족이 공동으로 사용하는 물건과 새 상품을 함께 수납한다. ☐
- 흉볼 것 같아 집에 사람들을 초대할 수가 없다. ☐
- 필요할 것 같아서 구매하지만, 막상 잘 사용하지 않는다. ☐

많은 사람이 막연하게 '나는 정리 정돈을 잘 못해'라고만 생각한다. 하지만 정리 정돈을 못하는 사람 가운데에도 유형이 있다. 이 유형을 알아야 어떻게 정리할지 파악할 수 있다. 몇 가지 질문으로 나의 정리 성향을 알아보자.

A 항목에 가장 많이 체크한 사람
우리 집에 어떤 물건이 필요한지 생각하지 않는 유형이다. 쌓여가는 물건 때문에 정리가 점점 어려워진다. 우리 가족의 발달 주기에 꼭 필요한 물건인지 고민하는 습관을 들여보자.

B 항목에 가장 많이 체크한 사람
라이프 스타일에 맞지 않는 동선이 가장 문제다. 모든 공간에 물건이 흩어져 있을 확률이 높다. 우리 가족의 발달 주기에 맞게 공간의 용도를 다시 정해보자. 개인의 물건은 각자 공간에 수납하고, 공동으로 사용하는 물건은 공용 공간에 두어서 수납공간을 확보하자.

C 항목에 가장 많이 체크한 사람
모든 물건의 제자리를 찾지 못해 문제인 사람이다. 빈 공간에는 무조건 물건을 수납하려는 경향이 있다. 언제 사용하는지 고려해서 물건의 제자리만 찾아준다면 금세 정리의 노하우를 익힐 수 있다.

*

어떠한 성향의 소유자든 벌써부터 속상해하거나 걱정할 필요는 없다. 이제껏 수납의 정석을 익힌 적이 없을 뿐이니까. 지금부터 공간을 내 삶에 딱 맞춰 꿈이 자라나는 공간으로 만들어보자.

Standard

버릴 것, 나눌 것, 남길 것

수납 정리의 첫 번째 과업은 물건의 분류이다. 기본적으로 버릴 것과 나눌 것, 남길 것의 구분으로 시작한다. 이 말을 들으면 많은 사람이 '버릴 것'부터 고민한다. 그런데 물건 버리기부터 시작하라고 하면, 아예 정리 정돈을 포기하는 사람도 많다. 여기저기 흩어진 많은 물건 중 버릴 것만 골라내는 과정이 막막하고 너무 부담스럽기 때문이다. 이럴 때는 관점을 조금만 달리해보자.

버릴 것
버려야 하나 고민된다면
평소에 사용하지 않는 물건이다.

나눌 것
쓸 만한 물건이지만
사용하지 않는다면 과감하게 나눠라.

남길 것
같은 종류의 물건이 많다면
즐겨 쓰는 것으로 하나만 남겨라.

정리 정돈을 한마디로 정의하자면 사용할 물건의 제자리를 찾는 과정이다. 수납과 정리의 목적이 이러한데, 버리는 일에 중점을 두면 방향이 달라져버린다. 마치 정리 정돈 자체가 물건을 처분하는 일인 것처럼 느껴지고, 낭비 같아서 실행이 어려워지는 것이다.

정리란 물건을 버리는 것이 아니다. '사용할 물건을 남기는 과정'이다. 같은 이야기처럼 들릴 수도 있지만 관점이 다르다. 버릴 물건에 초점을 맞추면 아까워서 정리가 어려워지지만, 사용할 물건에 집중하면 갈등이 없어진다.

물건을 남기는 기준: 3W

What
어떤 물건을

Who
가족 구성원 중 누가

When
언제 사용하는가

가족 구성원 중 누군가 사용하는 모습이 떠오른다면 필요한 물건이다. 하지만 누군가 사용하는 모습이 전혀 연상되지 않는다면 우리 집에서는 사용 기한이 끝난 물건이다.

System

다시 정립하는 수납의 정석: 정리 시스템

모든 물건은 가족의 발달 주기에 따라 필요한 시기와 소멸 시기가 있다. 소멸 시기가 지나 쓸모없어진 물건은 다시 사용할 일이 없다. 이런 물건은 배출해야 한다. 이 과정을 원활하게 만들어주는 것이 바로 정리 시스템이다. 다음의 4단계만 기억하면 어떤 물건이든 정리가 쉬워진다.

처분의 3가지 원칙

1. 채움 = 비움
채움과 비움의 양이 같아야 한다. 가족 발달 주기에 맞지 않는 물건을 비워라.

2. 즉시 처분
정리하기로 마음을 정한 물건은 바로 처분하라.

3. 처분 리스트 작성
당장 처분하지 못하거나 옮기기 어려운 물건은 처분 리스트를 작성한 뒤 처분하자.

처분이란   정리 시스템에서 처분이란 결국 '필요한 물건 남기기'다. 가족 발달 주기에 맞는 물건을 골라내 남기는 과정이라고 생각하면 처분이 수월해진다.

처분 기준
① 유통 기한 또는 사용 기한이 지난 물건
② 2년 이상 사용하지 않은 물건
③ 우리 가족의 발달 주기에 맞지 않는 물건

처분 방법   ① 버리기 ② 나눔, 기부 ③ 중고 거래

아름다운가게 기증	www.beautifulstore.org	1577-1113
폐가전 무료 수거	www.edtd.or.kr www.15990903.or.kr	1599-0903
정담은 푸드마켓	happylog.naver.com/sdmfood.do	02-3157-1377
알라딘 중고서적 판매	www.aladin.co.kr	02-364-8947

System

유통 기한 또는 사용 기한이 지난 물건은 어차피 쓸 수 없으므로 버려야 한다. 2년 이상 사용하지 않은 물건도 우리 집에는 쓸모없는 물건이다. 가족 발달 주기에 맞지 않는 물건도 마찬가지다. 처분 방법은 각각 크게 세 가지가 있다. 버릴 수도 있지만 주변 사람들과 나누거나 기부할 수도 있다. 중고 거래도 가능하다. 기증처와 중고 판매처는 위 표를 참고하라.

청소의 2가지 원칙

1
위 → 아래

천장 → 벽 → 바닥 순서로 먼지부터 제거한다. 공기보다 무거운 먼지는 통풍할 때 아래로 가라앉는다. 그래서 위에서 아래로 내려오면서 제거해야 한다. 먼지 흡착력이 좋은 극세사 걸레의 물기를 없앤 뒤 먼지를 제거하면 청정한 실내 공기를 유지할 수 있다.

2
오염이 없는 부분 → 오염이 심한 부분

보통 눈에 띄게 오염이 심한 부분부터 닦게 되는데, 그러면 걸레에 묻은 오염이 다른 부분에도 묻어 청소의 효율이 나빠진다. 따라서 오염도가 낮은 부분부터 제거하도록 한다. 젖은 걸레로 오염을 제거한 후 깨끗한 마른 걸레로 닦아내면 남아 있는 오염에 더해 습기까지 제거해 청결한 상태를 오래 유지할 수 있다.

수납의 5단계

STEP 1	사용하기로 결정한 물건의 장소를 결정한다.
STEP 2	어떤 가구의 어느 위치에 수납할지 결정한다.
STEP 3	수납 구조에 따라 수납 방법을 결정한다.
STEP 4	수납 도구를 결정한다.
STEP 5	수납 상태를 8:2로 유지한다.

STEP 1
물건의 장소 정하기

물건의 장소를 정하는 첫 번째 기준은 사용자다. 사용자가 누구냐에 따라서 물건의 주소지가 결정되는 것이다.

예) 옷 정리 - 드레스 룸이 안방에도 있지만, 따로도 있으며 직업 특성상 양복을 입어야 하는 경우
① 안방 드레스 룸: 사계절 양복과 속옷, 양말, 넥타이, 벨트, 잠옷 등 수시로 입는 옷을 수납한다.
② 별도 드레스 룸: 사계절 아웃도어와 운동복, 취미복, 캐주얼, 출장 용품 등 필요에 따라 입는 옷을 수납한다.

STEP 2
어떤 가구의 어느 위치에 수납할지 정하기

물건을 사용하는 순서, 즉 동선과 물건의 연관성에 따라서 어떤 가구의 어느 위치에 수납할지 결정한다. 이때 연령과 키 등 사용자의 특성과 사용 빈도수에 따라 수납 위치를 정하는 것이 좋다.

System

① 안방 드레스 룸

a. 벨트는 바지가 걸려 있는 곳에서 가장 가까운 동선의 선반에 수납한다.

b. 넥타이는 와이셔츠가 걸려 있는 곳에서 가장 가까운 동선의 드레스 룸 문에 넥타이 걸이를 설치해서 수납한다.

c. 속옷과 신사용 양말은 한눈에 보이도록 서랍에 수납한다.

② 별도 드레스 룸

a. 겨울 코트와 패딩은 반드시 문이 달린 옷장이나, 붙박이장 안에 수납한다. 1년에 두어 달 정도만 입는데 오픈 시스템장에 수납하면 먼지나 빛에 의해 옷이 손상될 수 있다.

STEP 3
구조에 따른 수납 방법 결정

수납공간이 높다면 물건을 세워서 수납한다. 반대로, 수납공간이 낮다면 눕혀서 수납한다.

예) 속옷이나 양말을 서랍에 수납할 경우

① 서랍이 높은 경우: 양말이나 속옷은 서랍 높이에 맞춰, 크게 접어서 수납한다. 접는 크기에 따라서 같은 서랍 공간이라도 수납하는 양이 달라진다.

② 서랍이 낮은 경우: 양말이나 속옷의 크기를 낮은 서랍 높이에 맞춰 작게 접어서 수납한다. 수납할 때 효율적으로 접는 방법이 딱히 정해져 있지는 않다. 공간에 맞춰 접어야 수납할 물건의 종류도 양도 효율적으로 수납할 수 있다.

STEP 4
수납 도구 결정

물건을 꺼내고 제자리에 돌려놓기 편리한 수납 도구로 결정하되, 수납 도구가 있어야만 유지할 수 있을 때 사용한다.

• 수납 도구를 사용하는 이유
물건 종류가 한눈에 보여야 할 때(속옷, 양말 외)
꺼낸 물건을 돌려놓기 편해야 할 때(넥타이, 목도리 외)

STEP 5
유지하기
8:2의 법칙

공간의 80%만 정도만 채우도록 한다. 공간의 여유가 있어야 식별이 수월하고 유지가 편리하다. 이때 보이지 않는 수납과 보이는 수납의 비율은 8:2로 유지한다.

구입의 2가지 원칙

1 새로운 물건을 들일 때는 우리 집에 꼭 필요한지 확인한다.	2 3W 조건에 맞는 물건만 구입한다.
- 공짜, 사은품, 나눔을 무조건 가져오지 않는다. - 보관할 공간이 있는지 먼저 파악한 후 구입한다.	What: 구입하고자 하는 어떤 물건을 Who: 우리 식구 중 누가 When: 언제 사용하는지 3W에 해당되지 않는다면 우리 집에 필요한 물건이 아니다.

공간의 역할을 찾아주는 정리의 법칙

Part 1.

나를 위한

주거 공간 편집

MINIMAL LIFE

전략적 미니멀 라이프의 삶

전략적 미니멀 라이프란 물건의 양을 줄여 공간을 만들어낸다는 의미가 아니다. 하루 중 반드시 해야 할 일들을 미니멀한 동선으로 만드는 과정이다. 즉, 일상의 루틴을 가장 최적화된 동선으로 만들어 물건의 제자리를 찾아주는 라이프 스타일을 가리킨다.

미니멀 라이프에 대한
편견과 진실

미니멀 라이프를 흔히 법정 스님의 무소유와 많이 비교한다. 이때 법정 스님의 무소유는 아무것도 갖지 않는다는 뜻이 아니다. 불필요한 것을 소유하지 않는다는 뜻이다. 1960년대 미국에서는 미술, 건축이나 예술 등 다양한 분야에서 형태나 컬러를 최소한으로 사용하여 표현하고자 하는 바의 본질만 추구하고자 했다. 이 같은 문화적 트렌드가 미니멀 라이프의 시작이었다. 한마디로 미니멀 라이프란 대상의 본질에 중심을 두는 것이다.

미니멀 라이프의 핵심은 물건을 버리는 것이 아니다. 물건 버리기가 곧 미니멀 라이프라는 인식은 왜곡된 관점이다. 우리가 생각해야 할 것은 물건의 양이 아니라 종류다. 내가 원하는 삶에 필요한 물건을 파악하는 것이 중요하다. 미니멀 라이프의 대상은 본질적으로 나의 삶이어야 한다.

물건은 목적이 아닌 도구

사람들은 각자 꼭 필요한 물건이 다 다르다. 집에 2만 권이 넘는 책을 소장한 뇌 과학자가 있다. 자기 집을 '책의 집'이라 부르는 사람들에게 그는 이렇게 말한다.

"책은 도구이지 목적은 아니다."

그러면서 본인의 집에 영감과 통찰의 실마리가 도처에 산재해 있다고 이야기한다.

물건의 목적은 소유가 아니다. 물건은 우리가 추구하는 삶의 도구이기 때문이다. 그래서 책장 하나만 채우고 남은 책들은 버려야 한다고 주장하는 요즘 미니멀 라이프의 기준에는 동의하기가 어렵다.

본인이 좋아하고 재미있어하는 일을 하면서 살고 싶은 어떤 이는 교수직을 그만두고 화가의 길을 선택했다. 여수 바닷가에 본인만의 슈펠리움(여유 공간)을 만들어서 세계 여행을 다니며 수집한 책을 죄 꽂아놓고, 그림 그리며 글을 쓰고 있다. 작가의 길을 선택한 그 사람에게는 책과 그림 도구로 채워진 그 공간이 영감의 원천이다.

물건 간소화를 위해 웬만하면 도서관에서 빌려보고, 다 읽은 책은 중고 서점에 팔라고 권하는 모습도 왕왕 볼 수 있다. 하지만 어떤 사람들은 읽으면서 책에다 직접 메모하기도 한다. 책을 팔아버리면 그때 쓴 메모는 다시 볼 수 없게 된다. 무엇보다 다 읽은 책이라도 어느 시기에 다시 읽느냐에 따라서 얻어지는 것이 다르다.

이렇듯이 개개인의 삶의 의미와 가치관을 고려하지 않은 기준은 기준이 될 수 없다. 비단 책뿐만이 아니다. 모든 물건이 마찬가지다. 할머니의 예쁜 그릇을 물려받아 애지중지 아끼는 손녀딸이 있었다. 성인 세대에게는 익숙해서 오래되고 촌스럽게 느껴지더라도 젊은 친구에게는 접해보지 않은 새로운 물건일 수 있다. 이것이 뉴트로(new-tro)다. 기성세대의 문화를 신기해하는 젊은이들의 문화 말이다.

LP판을 수집하는 젊은이들도 많다. 커피잔 세트로 손님을 접대해야 한다고 생각하던 옛날과 달리 텀블러만 사용하는 젊은 부부도 있다. 본인이 선호하는 브랜드의 텀블러 수집이 취미인 사람도 많다. 오래전 우표 수집과 같은 맥락이다. 기성세대에게 왜 우표를 수집했냐고 말할 수 없듯이, 텀블러를 왜 수집하느냐고 물을 수는 없다.

세대를 넘어 사람들의 가치가 다 다름을 인지해야 한다. 그런다면 "텀블러는 몇 개만 남기고 버려라"와 같은 획일화된 기준을 미니멀 라이프의 실천인 것처럼 강요할 수는 없을 것이다. 미니멀 라이프에는 매뉴얼이 없다.

나를 위한 미니멀 라이프를 실천하는 전략 2가지

첫 번째, 매일 반복되는 일상의 동선을 최소화한다. 물건만 많이 비워낸다고 삶이 단순해지는 것이 아니다. 무슨 일이든 동선이라는 것이 있다. 그 동선을 최단거리로 줄일 때 우리에게 한정적으로 주어진 시간을 효율적으로 사용할 수 있다.

두 번째, 내게 의미 없는 것들은 물건의 양도 종류도 최소화한다. 사람마다 가치가 다 다르다. 어떤 사람은 정성껏 준비한 음식을 가족들이 맛있게 먹는 모습을 볼 때 가장 행복해한다. 그 사람에게는 주방의 공간과 물건 하나하나가 소중할 테지만, 그렇지 않은 사람이라면 일상 유지에 불편함이 없는 수준에서 동선과 물건의 양과 종류 모두 최소화해야 한다. 이것이 진정한 미니멀 라이프 실천 전략이다.

  미니멀 라이프의 본질은 '내가 원하는 삶'이다. 원하는 가치 기준을 먼저 정해보자. 소명처럼 여겨지는 일들에 대한 나만의 도구에 집중해보자. 그것이 미니멀 라이프의 궁극적인 목표다. 그러면 세상에 넘쳐나는 물건들로부터 자유로워질 수 있다. 불필요한 물건 또는 필요한 물건의 기준을 세울 수 있을 뿐만 아니라 한발 나아가 종류와 양도 스스로 정할 수 있다. 삶의 방향도 내가 정할 수 있다. 모든 삶의 기준은 내가 정하는 것이다.

Part 1.
나를 위한 주거 공간 편집

아무리 정리해도
해결되지 않는 이유가 뭘까?

평소 열심히 치우는데도 어수선한 주거 공간이 개선되지 않는 경험이 있을 것이다. 아무리 정리 정돈해도 어차피 다시 엉망이 되리라 생각하고 공간의 최적화를 포기하고 사는 사람도 많이 있다. 이는 정리 정돈을 할 때 숲을 보지 않고 나무만 보기 때문이다.

어떤 일이든 순서가 중요하다. 예를 들어, 한 번도 본 적 없는 코끼리를 그리려면 먼저 실제로 보아야만 한다. 그런데 많은 사람이 정리할 때 전체를 보지 않고 한 아이템의 정리 방법만 따라 한다. 코끼리 코에 대해서만 배웠는데, 코의 자리가 어디인지 모르는 것이다. 전체를 보지 않기 때문에 꼬리가 어디인지, 발톱이 어디인지 모른다. 집 정리 과정도 이와 같다. 주거 공간과 나의 삶, 그리고 물건과의 관계를 먼저 생각해야 한다.

공간 시스템 만들기

우선 나에게 맞는 공간 시스템을 찾아보자. 수납 정리란 나에게 맞는 동선으로 물건의 제자리를 찾아내는 일이다. 무작정 다른 사람을 따라 하다 보면 나에게 맞지 않기 때문에 공간의 최적화는 점점 멀어진다.

수납이란 수시로 매달려서 하는 것이 아니다. 단 한 번으로 일상을 원활하게 돌아가도록 만들어주는 동선을 찾는 일이다. 첫 번째로 나에게 맞는 공간의 용도를 정하고, 두 번째로 그 용도에 맞는 물건을 수납하기 위한 가구를 선택하고, 세 번째로 그 공간의 용도에 맞는 동선의 순서대로 가구를 배치해야 한다. 마지막으로 동선의 순서에 맞게 물건의 자리만 잡으면 된다. 사람들은 대부분 이런 과정을 고려하지 않는다. 옷 접는 방법, 그릇 놓는 방법만 알면 정리가 될 것이라고 생각해 수납 도구만 계속 사들인다. 나중에는 수납 도구 때문에 더욱 혼란스러워진다.

물건이 많아 버려야 되는데, 무엇을 버려야 할지 모르겠다고

Part 1.
나를 위한 주거 공간 편집

하는 사람도 많다. '꼭 버려야 할 물건 몇 가지' 같은 것은 없다. 내가 사용할 물건이니 스스로 결정해야 한다. 어떤 물건이든지 쓰임이 있기 때문에 만들어졌을 것이다. 누군가에게는 필요할 수도 있다.

수납에 대한 편견부터 버려야 공간 편집에 실패하지 않고 정리 정돈할 수 있다. 남이 어떻게 정리 정돈하고 수납하는지 신경 쓰지 말고 나에게 필요한 물건이 무엇인지, 그 물건을 언제 사용하는지만 생각해보자. 그러다 보면 자연스럽게 어디에 놓을지, 어떻게 수납할지도 떠오른다.

내 공간이고, 내 물건이고, 내 삶이다. 기준이 '나'여야 한다. 내 삶에 맞춰 공간을 편집해야 한다. 나에게 최적화된 공간은 아주 편안한 안식처가 되어줄 것이다.

정리란 삶의 자세를 결정하는 것

정리 정돈할 때 가장 먼저 해야 할 일은 공간의 용도를 정하는 것이다. 공간의 용도를 정한다는 말의 뜻은 그곳에서 어떻게 일하며 살아갈 것인지 결정한다는 것이다. 당연히 어떤 물건을 남기고, 채우고, 누리며 살 것인지 결정해야 한다.

정리란 나에게 필요한 물건을 남기는 과정

정리하다 보면 이 물건을 언제, 어떻게 사용하는지 생각하게 된다. 이런 과정을 반복하다 보면 내가 무엇을 중요하게 생각하고, 하고 싶어 하는지 파악할 수 있다.

Part 1.
나를 위한 주거 공간 편집

　우리 가족의 발달 주기에 맞춰 정리 정돈을 하다 보면 물건을 대하는 마음에 변화가 생긴다. 내 삶의 필요충분조건을 충족시켜주는 물건이 무엇인지 알아보는 능력이 생긴다는 이야기다. 어떤 물건이 생존의 필요조건인지 충분조건인지 분별력이 생기는 것이다. 이 과정 자체가 삶의 방향을 명확하게 결정하는 기준이 된다.
　이러한 분별력이 생기면 중요한 일에 집중할 수 있다. 효율적이고 생산적으로 일할 수 있는 동선과 공간을 찾음으로써 내 인생에 가장 중요한 부분에 집중할 수 있게 된다.
　정리 정돈이란 내가 원하는 모습을 미리 정하고, 꿈을 이룬 나를 만나러 가는 여정이다. 본인이 무엇을 좋아하는지 알면서도 공간의 용도를 어떻게 정해야 할지 몰라 물건을 보관만 하는 경우가 가장 안타깝다. 그동안 바빠서 방치 중이던 물건의 제자리를 찾아주자. 오늘 하루 하고 싶은 일, 해내고 싶은 일에 관한 물건을 정리하면서 할 수 있는 일을 조금씩 해나가다 보면, 멀리 있던 꿈이 내가 원하는 삶과 만날 것이다.

나는 무엇을 하고 살고 싶은가?

집 안을 설레는 물건으로만 채우는 일이 올바른 라이프 스타일인 것처럼 여겨지는 세상이지만, 도대체 어떤 물건이 사용하는 내내 설렐 수 있단 말인가. 마찬가지로 물건의 질이 삶의 질이 될 수는 없다. 질 좋은 물건을 사용할 때 다소 만족스러울 수는 있겠지만, 익숙해지면 그것도 잠시뿐이다. 일상이 되면 설렘은 사라지기 마련이다.

여행이 설레는 이유는 일상이 아니기 때문이다. 우리가 감탄하면서 바라보는 여행지에 사는 현지인들은 과연 매일매일 설렐까? 일상이 되어 반복되면 모든 것이 설레지 않는다. 마찬가지로, 설렘에 집중하면 물건으로부터 자유로워질 수 없다. 원하는

Part 1.
나를 위한 주거 공간 편집

삶을 살고 싶다면 설렘이 아니라 '무엇을 하며 살고 싶은가?'에 집중해야 한다. 설레는 물건이 아니라 설레는 오늘, 기대되는 내일을 살아갈 수 있도록 주어진 공간에서 무엇을 할 수 있는가가 중요하다.

스스로에게 질문하자
"집에서 무엇을 하고 계실 때 가장 즐거우세요?"
이 질문에 바로 대답하는 고객은 별로 없다. 대부분 나를 빤히 쳐다만 본다. 어떤 사람들은 울기도 한다. 이제껏 아무도 물어봐 주는 이가 없어서 생각해보지 못했다고 한다. 그러면서 모두 똑같이 말한다.
"그냥 가족들이 건강하고 화목하고 아이들 잘 클 때요."
그런 대답을 들으면 마음이 안타깝다.
"그런 거 말고요. 본인이 무엇을 할 때 가장 편안하고 행복한지 생각해보세요. 가족을 위해서도 내가 힐링할 수 있는 시간과 공간을 꼭 확보해야 해요. 엄마가 행복해야 가족도 행복해질 수 있거든요."
힐링 공간을 만들기 위해서는 내가 무엇을 할 때 행복한지 알아야 한다. 그래야 용도에 맞는 공간을 만들 수 있기 때문이다. 내가 주체가 되어 마음대로 할 수 있는 공간 말이다. 자기 자신과 대화하고, 스스로의 내면을 들여다볼 수 있는 나만의 공간이 있어야 한다.

이 세상에 불행하게 살고 싶은 사람은 아무도 없을 것이다. 행복하고 즐겁게 사는 비결은 사실 너무나 간단하다. 기분 좋은 일을 많이 하고 살면 된다. 하고 싶은 일들을 지금 당장 종이 위에 나열하라. 그 일들을 언제 어떻게 할지도 적어보자. 하고 싶은 일은 물론 그 일을 해낼 방법까지 찾았다면 이제 시간과 공간을 확보하고 그 일들을 실천하면 된다.

어디서 어떻게 일하며 살아야 한다는 정답은 없다. 그림 그리는 시간이 즐겁고 행복하다면 화실을 만들어보자. 굳이 방 하나를 다 차지하지 않아도 된다. 공간이 없다면 한쪽 벽면에 선반을 설치하고 파티션이나 커튼을 설치하라. 그것도 불가능하다면, 벽책상이라도 설치해서 나 자신과 대화할 수 있는 심리적 공간을 만들어야 한다.

자기 자신을 이해할 수 있는 심리적 공간의 부재로 인한 후유증 때문에 사람들이 욜로(yolo) 같은 삶을 추구하는 것이 아닌가 싶다. '알 수 없는 미래에 현재를 희생하지 않겠다, 오늘을 즐기

Part 1.
나를 위한 주거 공간 편집

고 보자'라는 맥락 속에는 내일이 없다.

 지금 마음이 원해서 하는 일이 나를 치유하고 성장시킨다. 꿈이 실현될 수 있게 우리 집의 공간을 편집해보자. 꿈꾸는 미래의 나와 만나러 가는 길이 될 것이다.

매일 생각만 하던
우리 집 정리의 출발선

'정리해야지' 생각하지만 시도도 하지 못하는 사람이 많다. 어디서부터 어떻게 시작해야 할지 모르겠다고 한다. 다시 제대로 시작해보자. 우리 집을 정리 정돈하기 위해서는 정리 전 3단계가 필요하다.

첫 번째로는 연습장과 연필이 필요하다. 두 번째로는 연습장을 펴서 우리 집 도면을 그린다. 세 번째로는 도면 위에 우리 집 가족 발달 주기에 맞게 공간의 용도를 정해서 적어보자.

정리가 어려운 것은 우리 집에 대한 청사진을 설계하지 않았기 때문이다. 무턱대고 버리기부터 시작하면 또다시 물건에 집중하게 된다. 생각부터 정리해야 한다. 사람들은 고민과 생각을 착

Part 1.
나를 위한 주거 공간 편집

각하고는 한다. 고민은 '할까 말까'를 결정하는 단계다. 생각은 '하기로 결정한 것'이다. '어떻게 할까'는 생각의 다음 단계다. 정리하기로 결정했다면, 취향과 관심사를 주거 공간에 들여오면 된다. 즉, 원하는 일을 할 수 있도록 공간의 청사진을 그려야 한다.

REFRESHING

상쾌한 공간,
기분 좋은 하루

주거 공간은 나의 삶을 담는 그릇이다. 같은 음식도 어떤 그릇에 담느냐에 따라서 맛의 깊이가 다르다. 뚝배기에 담겨 보글보글 끓을 때 된장찌개가 가장 맛있어 보이듯이, 공간도 그렇다. 내 삶을 맛나게 해줄 공간 만들기가 중요하다.

Part 1.
나를 위한 주거 공간 편집

사용자와 역할에 맞는 공간 편집

〈어쩌다 어른〉이라는 방송에서 '어떤 집에서 살고 싶은가?'라는 주제로 30세부터 50세까지의 사람에게 설문 조사를 한 적이 있다. 방송을 보면서 나는 적잖이 당황스러웠다. 사람들이 원하는 집의 조건 중에 첫 번째가 편안한 집이었기 때문이다. 즉, 현재 집이 불편하다는 것이다. 두 번째는 가족이 화목한 집이다. 마찬가지로 속뜻을 풀어보면 현재는 가족이 화목하지 않다는 이야기다. 세 번째는 내 공간이 있는 집이었다. 우리 집인데 내 공간이 없다는 것이다. 어쩌다 집이 불편하고, 가족끼리 화목하지 않으며, 내 공간도 없는 곳이 되어버린 것일까?

공간의 역할을 생각하라

모든 공간에는 용도에 맞는 역할이 있다. 영화관에서는 영화를 보고, 놀이공원에서는 놀이 기구를 타며 즐거운 시간을 보낼 수 있고, 사무실에서는 효율적으로 일할 수 있다. 세상에는 모두 열거할 수 없을 정도로 많은 공간이 있지만, 모든 공간 중 사람이 하루를 시작하고 마무리하는 공간은 정해져 있다. 바로 주거 공간이다.

이 시점에서 우리가 중요하게 생각해야 할 것이 있다. 다양한 공간에서 누리는 기능들이 점차 주거 공간으로 들어오는 방향으로 세상의 흐름이 바뀌고 있다는 사실이다. 몇 가지 예를 들어 보겠다. 재택근무 할 때는 주거 공간이 사무 공간으로 기능하고, 인터넷 강의를 시청할 때는 학교로 기능한다. 취미 생활도 집 안에서 온라인을 통해 이루어지는 것이 많다 보니, 취미 생활의 공간이 되기도 한다. 주거 공간의 역할이 점점 다양해지고 있는 셈이다.

이렇게 역할이 확대되고 있는데, 현실적으로 주거 공간은 예전 그대로다. 아니, 어쩌면 기본적인 기능도 점점 더 상실해가는 것 같다. 주거 공간의 가장 중요한 기능은 휴식과 에너지 재충전이다. 이 기능을 충족하려면 가족이 화목해야 한다. 가족끼리 서

Part 1.
나를 위한 주거 공간 편집

로 불편하다면 그것만으로도 집은 편안한 장소가 될 수 없다. 여기에 내 공간도 없다면? 집에 가서도 쉴 곳을 찾지 못하고 기름에 물 뜨듯이 겉돌게 된다. 편안하기는커녕 불편한 장소가 되는 것이다.

주거 공간이 갖추어야 할 구성 요소는 가족 구성원 각각의 발달 주기에 맞는 개인 공간과 가족이 함께 즐거운 시간을 보낼 수 있는 공동 공간이다. 사용자에게 맞는 역할과 기능이 갖추어질 때 공간도 사람도 가치를 누릴 수 있다.

삶은 시간이고, 시간은 공간 속에서 흐른다

일과를 마치고 돌아와 나만의 공간에서 휴식을 취할 수도 있지만, 가족이 함께하면서 추억이 쌓이고 꿈이 성장할 수도 있는 공간을 만들어야 한다. 그런다면 앞의 문제들은 어렵지 않게 해결할 수 있다. 이처럼 사용자에게 맞춰 공간에 역할을 부여하는 일을 나는 '공간 편집'이라고 부른다.

공간을 편집할 때는 물건이 아니라 사용자를 먼저 생각해야 한다. 삶은 시간이고, 시간은 공간 속에서 흐른다. 나의 삶을 담아내는 주거 공간의 가치는 내 집에서 어떻게 살고 있는지에 따라 바뀐다. 나는 주거 공간에서 어떤 추억을 쌓고, 어떤 꿈을 가지며 성장하고 싶은가? 공간을 편집하고 싶다면 그것부터 생각해보자.

Part 1.
나를 위한 주거 공간 편집

호텔 같은 침실은
힐링의 공간이 된다

　지친 일상으로부터 에너지를 충전하기 위해서 우리는 여행을 계획하고는 한다. 호텔 방에서의 휴식은 일상에서는 느끼기 어려운 새로운 경험과 함께 삶의 무게를 잠시 내려놓게 만드는 힘이 있다. 많은 사람이 여행을 떠나고 싶어 하는 데는 다 이유가 있는 셈이다.

　여행지에서 보내는 시간이 편안한 까닭은 그곳에 일상이 존재하지 않기 때문이다. 하루의 여정을 마치고 들어간 호텔 룸에는 내가 처리해야 할 일이 기다리고 있지 않다. 청소나 빨래, 음식을 준비해야 하는 의무가 없다. 일상이 존재하지 않는 공간은 나에게 온전한 휴식 시간을 제공해준다.

반면 주거 공간은 하루하루가 나의 일상이다. 즉, 해야만 하는 일들이 반복되는 공간이다. 의무가 반복되는 공간에서 너무 빨리 지쳐버리지 않으려면 공간의 역할이 중요하다.

침실을 호텔처럼 꾸미고 싶다면

만약 주거 공간의 침실을 호텔처럼 꾸미고 싶다면, 침실이 호텔처럼 기능하게끔 만들어야 한다. 호텔 같은 침실을 꾸미는 방법은 의외로 간단하다. 수면의 기능만 채우면 된다. 일상을 끌어들일 수도 있는 옷장이나 서랍장, 책상 등이 주인공으로 배치되면 안 된다.

잠자기 위해 들어간 공간에 해야 할 일들이 연상되는 수납 가구가 보이면 뇌는 휴식을 취할 수 없다. 뇌는 눈에 보이는 것들을 무의식적으로 인지하기 때문에 아무것도 하지 않아도 계속 피곤할 수밖에 없다.

일과는 다른 공간에서 해결할 수 있도록 구성하고, 침실 공간에는 호텔 룸처럼 침대와 협탁, 조명, 밖으로부터 새어 들어오는 불빛과 소음을 차단해줄 암막 커튼 정도만 추가하는 게 좋다. 이

Part 1.
나를 위한 주거 공간 편집

렇게 꾸미면 호텔 룸 같은 기능을 가진 침실을 일상에서 매일 누릴 수 있다.

수면은 내 삶의 3분의 1을 차지한다. 수면의 질을 높이는 일이 생각보다 더 중요한 까닭이다. 뇌가 온전히 휴식해야 숙면할 수 있다. 숙면을 취하고 일어난 아침에는 좋은 기운으로 하루를 시작할 수 있다. 당연히 운도 좋아질 수밖에 없다. 운이 좋아지고 싶다면 침실이라는 공간에 일상의 흔적을 남기지 말아야 한다는 사실을 잊지 말자.

침대 배치가
수면의 질을 좌우한다

좋은 침대가 수면의 질을 좌우할 것 같지만, 그보다 더 중요한 것은 침대 배치다. 넓은 공간, 좋은 침대와 품질 좋은 이불까지 다 갖추었는데도 안방에 들어가기 싫어 거실에서 TV를 시청하다 소파에서 잠드는 사람들도 적지 않다.

대부분 공간이 넓기만 하면 좋다고 생각하고, 침대를 무조건 벽 쪽에 붙인다. 하지만 벽 쪽으로 침대를 붙여놓으면 어딘지 모르게 얹혀 자는 느낌이 들기 마련이다. 그 불편한 느낌이 침대가 아닌 소파에서 잠자게 만드는 원인이다.

Part 1.
나를 위한 주거 공간 편집

최적의 침대 배치

가장 좋은 침대 배치는 누웠을 때 대각선으로 문이 보이는 장소다. 뇌의 인지 이론에 따르면, 이는 원시 시대의 동굴 생활에서 유래했다. 동굴에서 생활하던 사람들은 안에서 대각선으로 입구가 보일 때 안정감을 느꼈다고 한다. 밖에서는 대각선 안쪽의 나를 볼 수 없지만, 동굴 안의 나는 밖에 누가 있는지 알 수 있기 때문이다. 입구가 대각선으로 보이는 곳은 한마디로 안전한 위치라고 할 수 있다. 맹수로부터 급습당하는 상황이 닥치더라도 얼마든지 방어 준비를 할 수 있는 위치인 것이다.

가능하다면 침대 양옆도 띄우는 것이 좋다. 비상시 대피해야 할 때, 어느 방향으로든 동선이 확보되기 때문이다. 우리 뇌는 움직임이 확보되어야 편안함을 느낀다. 정리하자면, 헤드보드만 벽 쪽으로 붙이고 나머지 삼면은 비워둔 침대 배치가 가장 좋다.

어느 공간이든 넓게 보이는 것만 중요한 것이 아니다. 그 공간에서 무엇을 할 것인지 생각하고 용도에 맞춰 가구를 배치하면 우리 삶의 질이 달라진다.

가구 배치 후 불면증이 없어지고, 그날부터 꿀잠을 잤다는 이야기도 종종 듣는다. 당연한 이야기다. 하루를 마치고 잠자기 위해 안방으로 들어가는 시간이 행복하다고도 한다.

"오늘 하루도 열심히 잘 살았으니, 푹 쉬러 들어가는 취침 시간이 가장 뿌듯하다."

이런 이야기를 들으면 나 역시 '이보다 더 좋을 수 없다'고 생각하게 된다.

Part 1.
나를 위한 주거 공간 편집

청결한 욕실은
상쾌한 하루를 열어준다

　삶의 질을 높이는 가장 손쉬운 방법 중 하나는 욕실을 청결하게 유지하는 것이다. 욕실은 아침에 일어나서 가장 먼저 사용하는 장소다. 일과를 마치고 지친 상태일 때 따뜻한 물로 샤워하는 시간은 하루를 정리하며 내일을 시작할 에너지를 채워준다.

　침실에 수면의 기능만 남겨놓을 때 숙면할 수 있듯이, 욕실도 호텔처럼 깔끔하게 목욕 용품만 남기는 것이 좋다. 청소 용품은 세탁실로 빼놓자. 바구니에 담아 청소할 때만 옮겨오면 크게 불편하지 않을 것이다. 알록달록한 세제 통들만 빠져나가도 욕실이 한결 깔끔해진다.

용기 디자인 통일하기

한 가지 더 욕심내자면, 용기를 통일시켜 보자. 욕실에는 디자인과 컬러가 다양한 각종 샴푸와 린스, 보디 샴푸와 클렌저 등 너무 많은 물건이 어수선하게 수납되어 있다. 복잡해 보일 수밖에 없다. 물건이란 우선적으로 사용하기 편해야 하지만, 욕실만큼은 조금 수고스럽더라도 호텔처럼 용기를 통일해보자. 우리 집 인테리어와 어울리는 용기를 사용하면 욕실이 놀랄 정도로 단순해질 것이다.

욕실을 좀 더 상쾌하고 기분 좋게 꾸미고 싶다면 호텔처럼 수건을 접어서 선반에 넣어놓는 것도 좋은 방법이다. 수건을 사용할 때마다 대접받는 느낌이 들 것이다. 호텔처럼 수건 접는 데는 약간의 수고가 필요하지만, 돈도 들지 않는 작은 수고로 하루를 상쾌하게 시작하고 기분 좋게 마무리할 수 있다면 시간과 노력을 투자할 만하다.

Part 2.

모든
공간에는

역할이
있다

CLOTHES

의식주의 첫 번째,
옷 정리의 모든 것

옷 정리라 하면 많은 사람이 옷을 접는 방법부터 궁금해하지만, 어떠한 방법으로든 일단 접으면 옷을 찾아 입기도 유지하기도 어렵다. 접는 방법을 알아보기 전에 옷 정리의 근본적인 문제를 먼저 해결해야 한다.

왜 항상 입을 옷이 없을까?

　세계 모든 사람의 공통 고민이 있다고 한다. 외출만 하려면 입을 옷이 없다는 것이다. 사실은 옷이 없는 것이 아니라, 입을 만한 옷이 없는 것이다.

　생각해보면 신기한 일이다. 옷을 살 때는 분명히 잘 어울리는 옷을 고르고 골라서 집으로 가져온다. 그런데 매장에서는 괜찮아 보이던 옷이 왜 우리 집 옷장으로 들어가면 이상해지는 걸까? 옷장 안에서 무슨 일이 일어나기에 입을 만한 옷이 없어지는 것일까?

　첫 번째 이유는 의류를 계절별로 수납하기 때문이다. 계절별

Part 2.
모든 공간에는 역할이 있다

로 수납하면 계절마다 여러 종류의 옷이 섞일 수밖에 없다. 이런 수납 방법은 우리 뇌를 '반복맹'으로 만들어버린다. 반복맹이란 비슷한 시각 이미지가 쏟아질 때 뇌가 비슷한 이미지를 하나의 커다랗고 희미한 형체로 인식하는 현상이다. 옷이 아무리 많아도 섞여 있으면 하나의 형태로 보이기 때문에 입을 만한 옷이 없어 보이는 것이다.

두 번째는 입지 않는 옷까지 함께 수납하기 때문이다. 작아져서 못 입는 옷, 유행이 한참 지나서 입지 않는 옷, 허름해져서 방치하는 옷 등이 섞여 있기 때문에 입을 만한 옷도 한 덩어리로 인식된다.

세 번째는 한눈에 파악하기 어렵게 수납하기 때문이다. 일부는 걸어놓고 또 다른 일부는 접어서 수납하다 보니 한눈에 보이지 않아 필요한 옷을 찾기 어렵다.

의류가 한눈에 들어오려면 종류별로 걸어야 한다. 그런데 많은 사람이 옷을 정리할 때 습관적으로 접어버린다. 그러면 어떤 옷인지 알아보기 어려워 입을 때마다 꺼내서 펼쳐보게 된다. 매일 옷을 고를 때마다 펼쳐놓게 되면, 바로바로 정리하기도 쉽지 않다. 자연스레 옷을 던져놓게 된다. 그러면 구겨지기까지 하니 더욱더 입을 만한 옷이 없는 것처럼 느껴진다.

버릴 옷이 아니라 입을 옷을 골라내라

중요한 것은 필요한 옷만 선별하는 일이다. 처분할 옷이 아니라 필요한 옷 먼저 골라내는 것이 핵심이다. 입지 않을 옷부터 골라내면 언젠가 모두 입을 것만 같고, 아까운 생각에 처분할 옷을 선별하기가 어렵다. 즉 내게 필요한 옷의 종류와 양이 파악되지 않는 것이다.

어떤 옷을 입었을 때 불편하고 초라해 보이고 의기소침해진다면, 그 옷은 의류의 가치를 다하지 못하는 것이다. 지금은 부모님 세대처럼 떨어진 옷도 기워 입고, 옷 한 벌로 한 계절을 보내는 그런 시대가 아니다. 무릎 나온 운동복 바지가 어머니를 대변하는 시대는 지났다.

그렇다면 우리가 입지 않는 옷을 여전히 쌓아두는 이유는 무엇일까? 부모님 세대에는 함부로 물건을 버릴 수 없었다. 몸에 맞기만 하면 그냥 입고 살아야 했다. 우리는 그런 모습을 보고 자랐기 때문에 무의식적으로 이런 태도를 학습했다. 그래서 비워내는 것이 낭비처럼 느껴지고, 쉽게 버리지 못하는 것이다. 물건이 넘쳐나는 요즘 같은 세상에서도 말이다. 더불어 버리지 못하니 필요한 물건만 선별하는 능력도 떨어진다.

라이프 스타일과 직업과 취미와 성향을 고려해 입을 때 능률

Part 2.
모든 공간에는 역할이 있다

이 올라가고, 기분이 좋아지는 옷만 남겨놓자. 의류의 양은 중요하지 않다. 의류 정리는 옷을 처분하기 위해서 하는 것이 아니다. 지금 현재 나의 상황에 맞는 옷을 선별해내기 위해 필요한 과정이다.

한 줄 Solution

① 의류 정리는 내가 사용할 의류만 남겨 종류별로 걸어서 수납한다.
② 작아져서 입지 못하는 옷은 사이즈별로 분류해서 리빙박스에 별도 보관한다. 옷 사이즈가 달라지면 현재 입는 옷과 한꺼번에 교체하면 된다.
③ 유행이 많이 지났거나 허름해져서 입지 않는 옷은 나누거나 처분하자.

계절별로 옷을 정리하면
안 되는 이유

계절별로 옷을 정리하면 안 되는 이유는 두 가지다. 첫 번째는 기후 변화 때문이다. 옛날에는 계절 변화가 분명했기 때문에 많은 사람이 겨울이 끝날 무렵 환절기에 입을 옷 몇 벌만 남겨놓고 옷 정리를 했다. 겨울옷은 상자에 담아놓고 봄옷을 꺼내도 일상생활에 별 무리가 없던 것이다. 그렇지만 기후 변화로 인해 요즘은 봄에도 한여름처럼 덥다가 갑자기 쌀쌀해지기도 한다. 봄가을이 없어진 것 같다는 이야기가 나온 지도 오래됐다. 그럼에도 우리는 환절기마다 지나가는 계절의 옷을 리빙박스에 넣고, 또 다른 리빙박스의 옷을 꺼내어 다시 수납하는 번거로운 작업을

Part 2.
모든 공간에는 역할이 있다

당연하게 생각하고 있다.

더 중요한 것은 두 번째 이유다. 실내 환경의 조건이 너무나 달라졌다. 몇십 년 전 기와집에 살던 세대는 이해할 것이다. 그때는 한겨울이면 집에도 찬바람이 들어와 내복을 입어야 했다. 학교 난방도 석탄 난로라 창가에 앉아 있으면 교실이 너무 추웠다. 지금은 어떤가? 한겨울에도 따듯한 난방 시설 덕분에 실내에서는 반팔을 입는 사람이 존재한다. 추워서 내복을 입거나 양말을 겹쳐 신어야 하는 곳은 아주 드물다. 한여름이지만 에어컨 때문에 냉방병에 걸리는 사람들이 있다.

계절 과일조차 불분명해졌다. 한겨울에도 수박을 먹을 수 있고, 한여름에도 귤을 먹을 수 있다. 그렇게 된 지 너무 오래되었다. 그럼에도 많은 사람이 여전히 계절별로 옷을 정리해야 한다고 생각한다.

계절별 옷 정리는 시대에 어울리지 않을 뿐만 아니라 스트레스만 가중시키는데도 같은 방법을 고수하는 이유는 학습된 습관 때문이다. 기후와 삶의 조건이 달라졌다는 사실을 인식하면 의류 수납 방법 또한 달라져야 한다는 것을 쉽게 이해할 수 있을 것이다.

이제는 옷을 계절별이 아니라 종류별로 수납해야만 한다. 종류별 수납은 옷 정리로 시간과 에너지를 낭비하지 않게 도와줄 뿐만 아니라, 제때 입을 옷을 찾지 못해 무분별하게 옷을 사는 낭비도 줄여준다.

옷 정리의 시작은?

　옷을 정리하려면 어떤 종류를 얼마나 갖고 있는지 파악하는 일부터 시작해야 한다. 모든 옷을 일단 '종류별'로 분류해보자. 이 많은 옷을 언제 다 종류별로 분류하느냐고 생각하지 말자. 딱 한 번만 하면 된다. 다른 계절의 옷들도 모두 꺼내어 분류해야 한다. 사용자별로 나누어 사계절의 모든 의류를 같은 종류끼리 분류해보자.

① 남편/아내/첫째 아들/둘째 딸 등 사용자별로 1차 분류
② 남방/티셔츠/블라우스/치마/원피스/바지/등산복/운동복/패딩/외투 등 종류별로 2차 분류

　이렇게 한눈에 보이도록 분류하고 보면 어떤 종류의 옷이 무슨 이유로 이렇게 많이 쌓였는지 원인을 알 수 있다. 유행이라서,

Part 2.
모든 공간에는 역할이 있다

예뻐서 사놓고 입지 않는 옷도 눈에 보일 것이다. 세일 때 사놓고 한두 번만 입은 의류도 눈에 띄리라.

이 과정은 생각보다 꽤 착잡할 수도 있다. 의류 소비의 민낯과 마주하기 때문이다. 그렇지만 원인을 알아야 앞으로 나에게 필요한 옷을 선택하는 판단력을 키울 수 있다. 지금부터 삶을 바꾸고 싶다면 반드시 거쳐야 하는 과정이니 절대 건너뛰지 않기를 바란다.

한 줄 Solution

기후와 실내 환경의 변화 때문에 계절별로 의류를 정리하는 것은 비효율적이다. 옷은 '종류별'로 정리해야 한다.

모든 물건 정리에는
우선순위가 있다

흔히 주거 공간이 좁고 수납공간이 부족해서 정리가 되지 않는다고 생각한다. 잘못된 생각이다. 물건의 제자리를 찾는 과정에서 공간의 크기는 중요하지 않다. 사용자에게 맞게 동선을 짜고 가구를 배치하며, 용도에 맞는 물건을 수납하는 것이 중요하다. 공간마다, 가구마다 용도가 있다. 그 용도에 맞는 물건만 수납하면 공간의 활용도를 높일 수 있다.

방 세 개인 25평 주거 공간의 컨설팅을 맡은 적이 있다. 가족 구성원은 부부와 초등학교에 입학하는 큰딸, 5세 작은딸이었다. 가족의 발달 시기상 큰아이를 위한 독립된 방과 아이들 놀이 공간이 필요했다. 집을 찬찬히 살펴보니 안방 옷장에 이불을 수납해 옷을 수납할 공간이 부족했다. 이 때문에 다른 방을 드레스 룸으로 사용하고 있었는데, 드레스 룸으로 사용하는 방은 옷을 찾아 입기 힘들 정도로 창고가 되어 있었다.

방 하나가 제구실을 못하고 창고가 되어버리면, 다른 공간도 도미노처럼 창고가 되어버린다. 가족들이 편하게 쉴 수 있는 공간이 사라져버리는 것이다. 이럴 때는 어떻게 해결하면 좋을까? 공간의 용도를 정한 다음, 그 공간을 쓰는 사용자의 물건에 제자리를 찾아주면 된다.

우선 안방 옷장에서 이불을 빼고 엄마 아빠의 의류를 모두 수납했다. 옷장은 그야말로 옷을 수납하는 가구다. 다른 무엇보다 우선순위로 의류를 수납해야 한다. 다른 옷도 입는 사람에 따라 각 방의 옷장에 수납했더니 자연스럽게 아이들을 위한 공간으로 사용할 수 있다. 이사 가지 않고도 새로운 공간을 선물 받은 것이다.

공간의 용도를 찾아라

안방 옷장에서 꺼낸 이불은 어디에 보관해야 할까? 큰아이 방에는 붙박이장이 있었는데, 위 칸에 온갖 잡화들이 수납되어 있었다. 선반이 낮아 옷 걸기가 불편한 탓이었다. 붙박이장 속 계절 잡화들을 발코니 수납장으로 이동시키니 공간이 생겼다. 그다음에 큰딸의 어깨 높이에 맞게 선반을 설치하고, 그 아래 딸의 옷을 수납했다.

초등학교에 들어가는 나이이니 큰딸이 붙박이장 속의 높은 선반을 사용하기까지는 아직 몇 년의 시간이 필요하다. 그런데 위에 공간이 남으니 그곳에 이불을 수납한 것이다. 공간의 사용자를 생각하라고 해놓고, 딸의 방에 이불을 수납하면 불편하지 않을까 하는 의문이 들 수도 있을 것이다. 이불은 옷과 다르다. 매일 바꾸지도 않고, 자주 세탁하지도 않는다. 가끔 세탁 등을 위해 새 이불을 꺼낼 때만 이곳에 와서 가져가면 되니 일상의 동선이 불편해질 일이 없다. 안방 옷장에 엄마 아빠의 의류를 모두 수납함으로써 아이들을 위한 놀이 공간과 큰아이를 위한 자녀 방까지 만들어진 셈이다.

이렇게 우선순위로 공간과 가구의 용도에 맞춰 물건의 자리를 잡으면 선물 같은 공간이 생겨난다. 그 공간은 상황에 따라 적절히 용도를 지정해주면 된다. 독립된 방이 필요한 초등학생 딸이 있는 가족이라면 큰아이가 수면과 학습과 수납, 모두 스스

Part 2.
모든 공간에는 역할이 있다

로 할 수 있는 공간으로 만들어준다.

　주거 공간의 평수가 아무리 커도 우선순위를 정해 아이템별로 수납하지 않으면, 용도가 상실되어 무의미한 공간이 되고 만다. 모든 공간과 물건의 우선순위를 생각해보자.

한 줄 Solution

공간의 용도에 맞춰 가구를 배치했다면 사용자와 가구의 원래 용도에 맞는 물건부터 우선순위로 수납한다. 잃어버린 공간의 가치를 찾아주는 노하우다.

수납공간의 재발견

우리는 습관적으로 옷을 접어서 수납한다.

"옷은 걸어서 정리하는 것이 편리해요."

이렇게 말하면 다음과 같은 답변이 돌아오기도 한다.

"옷을 걸 공간이 부족해요."

시중에 판매 중인 옷장은 대부분 내부가 옷을 접어야 하는 구조다. 옷장 구조 자체에 걸어서 사용할 수 있는 공간이 부족한 탓이다. 공간마다 선반이 설치되어 있으니 리빙박스 안에 옷을 접어놓을 수밖에 없다. 하지만 아무리 예쁘게 접어놓아도 리빙박스나 선반 위에서는 어떤 옷인지 한눈에 알아보기 어렵다. 꺼

Part 2.
모든 공간에는 역할이 있다

낼 때마다 흐트러지기 때문에 순식간에 옷 무덤이 되고 만다. 고르기 편하도록 옷을 걸어서 수납하기 위해 걸 수 있는 공간을 만들어보자.

수납공간을 내게 맞춰 재구성해보자

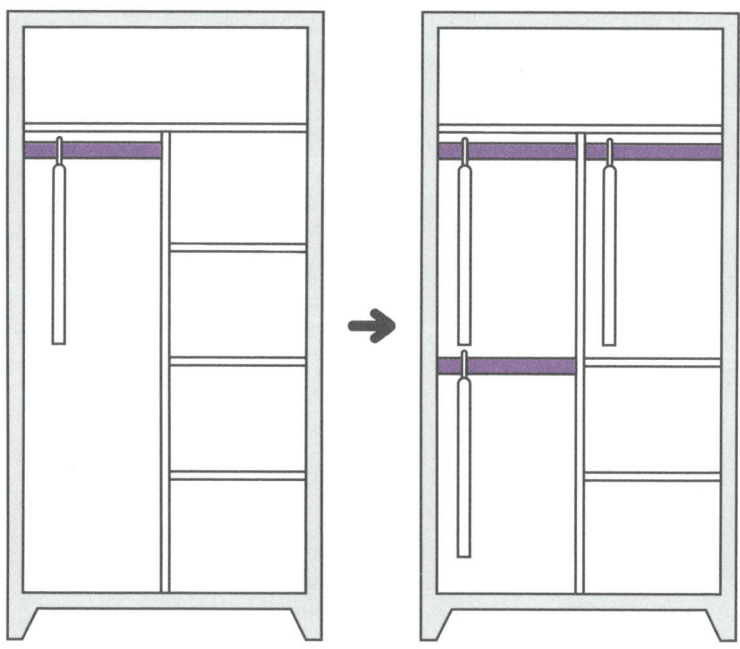

옷장 안의 선반은 대부분 뺄 수 있다. 선반을 빼고 그 자리에 옷봉을 설치하자. L 자형 바지걸이로 바지나 티셔츠를 수납하고 3단 치마걸이를 이용하면, 공간을 2, 3배 넓게 사용할 수 있다. 일반 옷걸이나 집게형 바지걸이보다 꺼내기도 편리하고 유지도 쉽다.

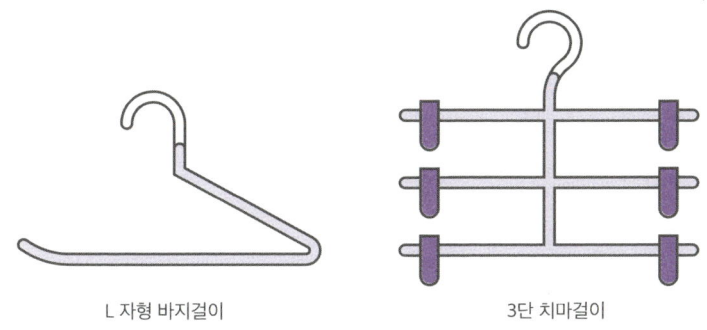

L 자형 바지걸이   3단 치마걸이

옷장의 내부 구조를 변경하고, 효율적인 옷걸이를 선택하는 목적이 단순히 옷을 더 많이 수납하기 위해서만은 아니다. 옷장을 2, 3개 더 놓으려면 방이 2, 3개 더 있어야 한다. 그렇지만 옷장 정리만 효율적으로 해도 다른 공간의 용도를 제대로 살려서 사용할 수 있다. 기본적으로 10평 이상 넓은 집으로 이사 가는 것과 같은 효과를 볼 수 있는 것이다.

Part 2.
모든 공간에는 역할이 있다

　모든 주거 공간의 용도를 제대로 살리려면 옷장 내부 구조부터 효율적으로 바꾸어야 한다. 인터넷 쇼핑몰에서 '옷봉'이라고 검색해보자. 설치할 공간의 내경 사이즈를 정확하게 잰 다음 0.5cm 정도 빼고 주문하면 된다. 양옆을 잡아줄 소켓의 두께를 빼놓아야 옷봉을 걸 수 있기 때문이다.

한 줄 Solution

❶ 옷장 안의 선반과 서랍을 제거하고 생긴 공간에 봉을 설치하자.
❷ 공간 활용에 유용한 옷걸이를 선택하자.

반드시 접어서
수납해야 하는 의류

　반드시 접어서 수납해야 하는 의류가 두 가지 있다. 첫 번째는 원단이 두꺼운 니트류다. 니트류는 부피와 무게감 때문에 걸어 놓으면 원단이 늘어난다. 옷의 형태가 변하므로 반드시 접어서 수납해야 한다. 두 번째도 원단이 두꺼운 후드나 맨투맨이다. 후드 한 장이 들어갈 공간에 얇은 티셔츠는 다섯 장 이상이 수납된다. 효율적으로 생각한다면 원단이 두꺼운 옷들은 접어서 수납하는 편이 좋다.

　얇은 티셔츠를 몇십 장씩 접어서 수납하면 알아보기가 어렵다. 당연히 찾아 입기도, 유지하기도 어렵다. 접어놓으면 구겨지기까지 한다. 이런 번거로움 때문에 가지고 있는 옷을 입지 않게 되다는 부작용이 발생한다. 하지만 두꺼운 니트류는 접어서 수납하더라도 원단 특성상 구김이 가지 않을 뿐만 아니라 애초에 몇 장밖에 수납되지 않으므로 입어야 할 때 바로바로 눈에 띈다. 두꺼운 후드나 맨투맨도 마찬가지다.

'걸어서 수납'을 기본으로

원단이 두꺼운 니트나 후드, 맨투맨을 제외한 모든 의류는 걸어서 수납하는 것이 좋지만, 공간이 부족하다면 안감이 들어 있는 고무줄 바지나 청바지류는 접어서 수납해도 무방하다. 안감이 들어 있는 고무줄 바지나 청바지는 주로 외출할 때 입으므로 원칙적으로는 걸어서 수납하는 것이 가장 좋다. 하지만 이런 옷들은 원단 특성상 구김이 가지 않고 부피감이 있어서 접어도 어떤 옷인지 한눈에 알아볼 수 있다. 필요할 때 언제든 알아보고 꺼내 입을 수 있으니 접어서 보관해도 괜찮다.

참고로 상의를 걸어서 보관할 때도 요령이 있다. 세탁소에서 상의를 세탁하면 왼쪽 그림과 같은 형태로 옷걸이에 걸려 온다. 이런 방법은 옷의 균형이 맞지 않아서 장기 보관하면 형태가 망

가지므로 권장하지 않는다. 오래 접어놓아도 구김이 최소화되도록 오른쪽 그림처럼 걸어놓기를 권한다.

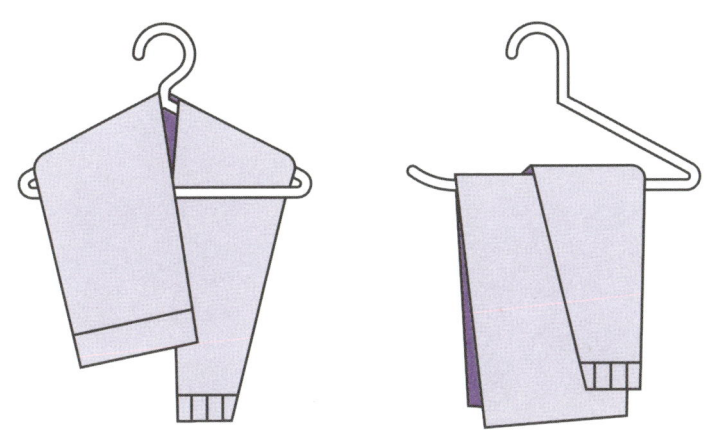

한 줄 Solution

옷 분류의 순서와 기준

❶ **사용자별 구분** - 사용자의 동선에 맞춰 자주 사용하는 수납 장소 정하기

❷ **종류별 걸기** - 사용자별 장소를 정한 후 아이템별로 구분하기
- 각각의 아이템을 어떤 가구, 어느 위치에 수납할지 정하기

❸ **접기**
- 두꺼운 니트와 후드, 맨투맨
- 고무줄 바지, 기모 바지, 청바지
- 어린이 옷
- 속옷, 잠옷, 홈웨어

Part 2.
모든 공간에는 역할이 있다

세상에서 가장 쉽고 스마트하게 옷 접는 방법

 많은 사람이 옷 접는 방법을 가장 궁금해하지만, 사실 어떤 방법으로 접느냐는 그리 중요하지 않다. 의류를 접는 수납 자체가 불편한 방법이기 때문이다. 유지하기가 어려울 뿐만 아니라 옷이 구겨지기까지 한다.
 반면 안감이 있는 겨울용 티셔츠 같은 경우는 접어놓아도 구겨지지 않고, 부피 때문에 한눈에 알아볼 수 있어 찾아 입는 데 별 어려움이 없다. 다만 효율적으로 수납하려면 서랍장의 공간을 100% 활용할 수 있어야 한다. 공간을 잘 사용하면 서랍장 두 개를 한 개로 줄일 수도 있다.

옷판 만들기

방법은 간단하다. 서랍장에 딱 맞는 옷판을 만들면 된다. 준비물은 두꺼운 종이와 줄자, 가위, 연필이다.

첫 번째, 줄자로 서랍장의 가로, 세로 내경 사이즈를 잰다. 두 번째, 노트에 가로 세로 사이즈를 적자. 가로 내경 사이즈가 39cm라고 가정해보자. 옷을 두 줄로 수납할 것인지 세 줄로 수납할 것인지 먼저 결정한다. 두 줄 수납으로 결정했다면 39cm에서 1cm를 빼고 2로 나눈다[(39-1)÷2]. 이렇게 계산한 가로 사이즈는 19cm이다.

1cm를 빼주는 이유는 입고 싶은 옷만 쉽게 꺼내기 위해서다.

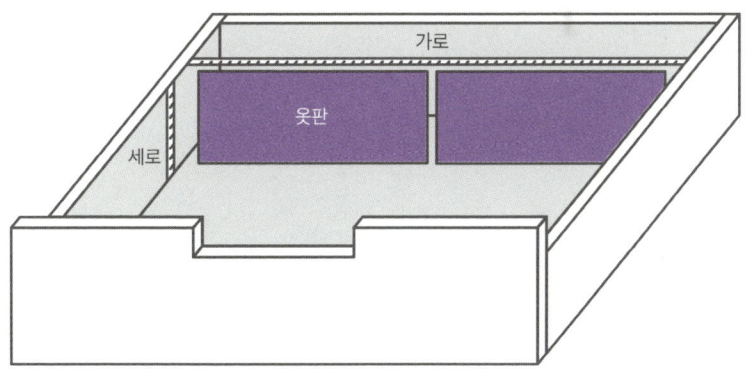

두 줄로 수납하는 예

Part 2.
모든 공간에는 역할이 있다

옷판을 너무 딱 맞게 만들면 꺼내고 싶은 옷 주변의 다른 옷들이 줄줄이 소시지처럼 따라 나올 수 있다. 그렇지만 미리 살짝 여유 공간을 만들어주면 그럴 가능성이 낮아진다.

다음은 옷판의 높이다. 내경 서랍 높이에서 1cm를 빼주고 2를 곱하면 된다[(X-1)×2]. 2를 곱하는 이유는 옷판보다 한 번 더 접어서 수납해야 하기 때문이다.

두꺼운 종이에 자로 산출한 가로 사이즈와 세로 사이즈를 표시한 다음 깔끔하게 오리면 나만의 맞춤 옷판이 완성된다. 맞춤 옷판을 사용하면, 낭비 없이 수납공간을 알차게 활용할 수 있을 뿐만 아니라 스트레스 없이 간단하게 옷을 수납할 수 있다.

한 줄 Solution

옷판으로 깔끔하게 옷 정리하는 법

❶ 상의 등판이 위로 보이게 펼쳐놓는다.

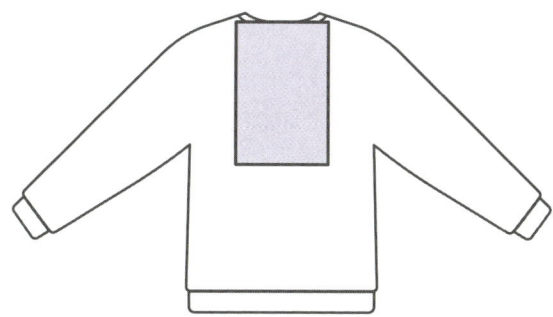

❷ 등판 뒷목 쪽에 옷판을 세로로 놓는다.

Part 2.
모든 공간에는 역할이 있다

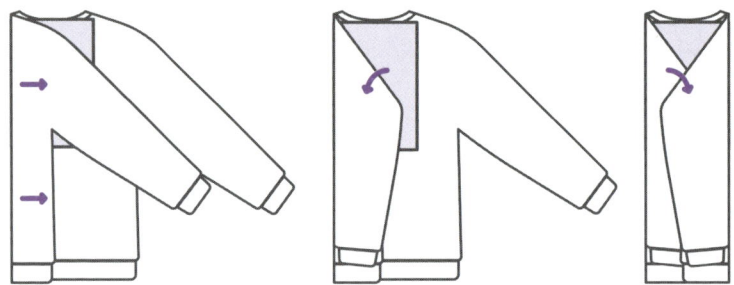

❸ 옷판 세로를 따라 그림과 같이 접는다.

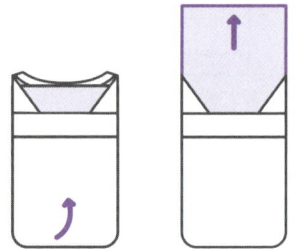

❹ 옷판 가로에 맞춰서 옷을 접어준 후 옷판을 뺀다.

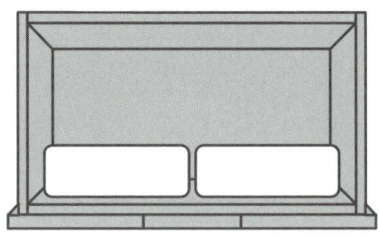

❺ 서랍에 세워서 수납한다.

LIVING ROOM

가족 라이프 스타일에 맞는 거실 정리법

편안하게 휴식할 수 있어 빨리 돌아가고 싶은 주거 공간의 필수 조건은 화목한 분위기다. 그렇기에 주거 공간에서는 가족들과 어떤 시간을 보내느냐가 중요하다. 가족은 기쁜 일을 진심으로 축하해주고, 슬프고 힘든 일을 위로하며 나를 이해해주는 사람들이다. 거실 공간에 가족이 함께 즐길 수 있는 아이템을 수납하는 것이 삶의 질을 높여주는 이유다.

Part 2.
모든 공간에는 역할이 있다

가족 발달 주기에 따라
거실의 용도를 결정하라

예전에 거실은 손님을 맞이하거나, 가족들이 모여서 TV를 시청하는 공간이었다. TV를 함께 보기 위해 가족들이 모이는 시간이 따로 있을 정도였다. 하지만 요즘은 TV가 아니어도 각자 휴대폰 또는 개인 노트북으로 드라마, 영화 등을 본인의 취향껏 볼 수 있다. 가족이 함께 모일 이유가 점점 사라지고 있는 것이다.

특히 요즘은 미니멀 라이프를 실현하고 싶어 거실에 아무것도 없었으면 좋겠다고 하는 사람이 적지 않다. 문제는 왜 그렇게 살고 싶은지가 없다는 것이다. 거실이라는 공간에서 무엇을 하고 살고 싶은지의 기준이 없다. 그냥 넓고 깨끗했으면 좋겠단다. 넓고 깨끗한 것도 좋지만, 가장 중요한 것이 빠졌다. 내가 그 공간에서 무엇을 할 때 행복한지 생각하지 않는다는 것이다.

거실은 가족이 모이는 공간이다. 각 가정마다 가족 발달 주기도 다르고, 취미도 취향도 모두 다르다. 청결하게 살림을 잘하는 고객이 있었다. 5세 큰아이와 1세 작은아이를 자녀로 둔 가정이었는데, 집에 방이 세 개였다. 고객은 큰아이 방을 만들어주고 싶은데, 남편의 직업의 특성상 서재도 꼭 필요하다고 했다. 고객이 원하는 대로 공간을 구성하려면 거실로 피아노를 옮겨야 하는 상황이었다.

문제는 고객이 피아노의 거실 이동을 원하지 않는다는 것이었다. 안정감 없고 어수선해 보일 것 같다는 이유에서였다. 그렇지만 큰아이 방의 용도를 찾아주는 것이 중요하다고 판단했기에 나는 피아노 치는 엄마의 모습이 아이들에게 좋은 영향을 줄 것이라고 설득했다. 둘째 아이를 돌보면서 피아노 연습도 계속할 수 있는 공간으로 거실이 합리적이라고 설명하면서 이동을 권했다.

가족 발달 주기에 맞는 공간 만들기

정리가 끝나고 현관에 들어서자마자 바뀐 거실의 모습에 고객

Part 2.
모든 공간에는 역할이 있다

은 눈물을 흘렸다. 그동안 공간에 안정감이 없어서 늘 스트레스를 받았는데, 피아노가 거실에 자리 잡아도 어수선해 보이지 않고, 집에 들어오는 순간 편안하다며 무척 좋아했다.

시간이 지나 연말에 그 고객에게서 영상 하나를 받았다. 할아버지와 할머니가 아이들을 한 명씩 안고 있었다. 그 앞에서 아내는 피아노 치고, 남편은 첼로를 연주하며 노래 부르는 모습이었다. 짧은 영상을 보는 내내 감동 그 자체였다. 이것이 일상이고, 행복한 삶이다.

가족 발달 주기에 맞춰 거실의 콘셉트를 잡고, 그에 맞춰 공간을 구성해보자. 거실은 더 이상 TV를 시청하기 위한 공간이 아니다. 학령기의 자녀가 있다면 부모와 함께 책 읽고 그림 그리면서 추억을 쌓고, 꿈을 키우는 공간으로 만들어보자. 부부만 살고 있다면, 각자 또는 함께 하고 싶은 일에 몰두할 수 있는 공간으로 만들어보자.

유아기 자녀가 있다면 거실을 아이가 안전하게 놀이 활동을 할 수 있는 공간으로 꾸며야 한다. 거실이 유아 용품으로 뒤덮이는 것에 스트레스를 받는 부모가 많지만, 아이는 성장한다. 영원히 이렇게 살아야 하는 것은 아니다. 가족 발달 주기에 맞는 공간의 역할이라고 생각하면 스트레스가 조금 덜어질 것이다. 이러한 기준이 공간에 가치를 더하는 방법이다.

거실에 TV와 소파가 있어야 한다는 생각은 고정 관념이다. 텅 빈 거실이 넓어 보이니 미니멀 라이프를 실천 중이라고 우기는 것도 억지다. 공간은 내 삶이다. 라이프 스타일은 스스로 결정하자. 쓸데없는 물건에 자기 자신을 빼앗기지 않을 자유는 내가 결정하는 것이다.

한 줄 Solution

가족 발달 주기에 맞는 구성원들의 활동을 고려해서 거실 공간의 용도를 정하자.

Part 2.
모든 공간에는 역할이 있다

우리가 몰랐던 명품 수납의 비밀, 물건의 연관성(3W)

보기 좋은 떡이 먹기도 좋다고 한다. 그렇지만 예쁜 모양에 이끌려 기대하고 먹었는데, 맛없을 때 느끼는 실망감은 사기당한 수준이다. 수납도 마찬가지다. 물건 정리는 보기 좋게, 예쁘게, 깔끔하게 하는 것이 아니다. 수납 정리의 본질은 세 가지다.

첫 번째, 사용할 물건을 언제든 쉽게 찾아서 바로바로 사용할 수 있어야 한다. 두 번째, 물건을 사용하고 제자리에 돌려놓는 데 어려움이 없어야 한다. 세 번째, 유지할 수 있어야 한다. 이 세 가지 본질을 한 번에 충족시키는 비법이 있다. 바로 '물건의 연관성'을 생각하는 것이다.

연관성이 물건의 제자리를 찾아준다

리모컨을 거실장에 모아서 수납한다고 생각해보자. 거실장 서랍 크기는 집집이 다르겠지만, 리모컨이 서랍장 공간을 전부 차지하는 경우는 거의 없을 것이다. 그렇다면 리모컨을 수납하고 남는 공간에 무엇을 수납해야 할까?

리모컨 하면 누구나 연관 지어 떠올릴 만한 물건이 무엇일까? 바로 건전지다. 어떤 리모컨이든 건전지가 필요하다. 그러니 리모컨 옆에 모든 종류의 건전지를 종류별로 모아놓으면 된다. 이 공간에 건전지가 있다고 한 번만 인지하면, 탁상시계든 디지털 저울이든 건전지를 바꿔야 할 때 가족 구성원 중 누구라도 바로 찾을 수 있다. 참고로 물건의 연관성은 누구에게나 타당해야 한다. 너무 독창적이라 나만 연상할 수 있으면 안 된다.

건전지를 모두 모아서 수납한 뒤에도 공간이 남는다면 무엇을 수납하면 좋을까? 건전지는 어떤 물건과 연관될까? 건전지 중에는 충전용 건전지도 있다. 충전하려면 충전기가 필요하다. 충전기도 이곳에 함께 수납하면 된다.

충전기 하면 떠오르는 또 다른 물건은 케이블이다. 보통 집에는 출처를 알 수 없는 케이블이 많이 있다. 용도가 기억나지 않지만 버릴 수는 없다. 어느 물건에 사용하는지 모르기 때문이다.

Part 2.
모든 공간에는 역할이 있다

언젠가 사용할 일이 생길지도 모르니 버리고 싶어도 버릴 수가 없다.

용도를 알 수 없는 케이블도 테이프형 벨크로로 묶어서 건전지와 충전기 옆에 모아놓자. 어떤 전자 제품이든 이곳에서 케이블을 찾으면 된다. 100% 시간 낭비 없이 찾을 수 있을 것이다.

물건이 저절로 찾아지는 마법 같은 비밀 : 3W

모든 물건을 종류별로 모아서 수납하고, 바구니에 라벨링 해놓는 것이 정리라고 생각하는 사람이 많다. 용도가 다른 물건이라도 수납공간에 들어가기만 하면 일단 넣고 본다. 깔끔하게 보이기만 하면 된다고 생각하기 때문이다. 이런 방법으로는 물건이 어디 있는지 기억할 수 없다. 가족 공동 물건은 아주 가끔 사용하는 것도 많아서 정리한 본인조차 기억 못하기도 한다.

"어디다 잘 두었는데, 도대체 기억이 안 나네."

누구나 한 번쯤 이런 경험이 있을 것이다. 하지만 물건의 연관성만 염두에 두면 기억이 안 나도 마법처럼 물건을 찾을 수 있다.

연관성 있는 물건을 찾는 방법은 단순하다. '3W'만 기억하자. 어떤 물건을 정리하기 위해서 집어 들었다면 '언제 사용하는지'

떠올려보자. 사용하는 장소가 곧 물건을 수납할 공간이다. 더불어 그 물건과 함께 사용하는 물건도 생각해보자. 리모컨과 건전지의 연관성이 물건의 제자리인 것이다.

① 어떤 물건(What)을
② 언제 사용할지(When)를 생각해보면
③ 어디에 수납할지(Where)가 저절로 정해진다.

'동선'은 일상을 간결하고 단순한 생활 방식으로 만든다. 모든 물건을 정리할 때 연관성을 고려한다면 단 한 번의 정리로도 일상이 간편해질 것이다.

한 줄 Solution

어떤 물건(What)을 언제 사용할지(When) 생각해보면 어디에 수납할지(Where) 저절로 정해진다.

Part 2.
모든 공간에는 역할이 있다

가족이 공동으로 사용하는 물건 수납법

주거 공간에는 개인 물건도 있지만, 가족이 공동으로 사용하는 물건도 있다. 상비약이나 손톱깎이 같은 물건은 가족들이 쉽게 꺼내고, 사용할 수 있는 공간에 한눈에 보이게 정리하는 것이 중요하다. 거실장에 수납하면 가족들이 스스로 쉽게 찾아서 사용할 수 있다. 다만 집에 어린아이가 있다면 아이의 손이 닿지 않게 서랍에 수납하는 것이 안전하다.

서랍에도 적용되는 수납의 법칙
서랍에 수납할 때는 높이를 고려해 세울 수 있는 물건은 세우고, 눕혀야 하는 물건은 눕혀라. 의약품을 예로 들어보겠다. 서랍에 용도가 같은 상비약끼리 넣어주면 재고 파악이 쉽고, 가족 구성원이 찾기도 쉽다. 위와 관련된 약은 소화제와 함께 보관하고, 해열제 옆에는 체온계를 함께 놓아두자. 소독약과 반창고는 한데 모아놓는다. 진통제는 진통제끼리, 연고는 연고끼리, 파스는 파스끼리.

매일 사용하는 것은 잘 보이는 곳에

병원 처방 약을 상비약과 함께 두면 불편하다. 매일 복용해야 하는 건강 보조 식품과 처방 약은 정수기 가까운 곳에 수납해야 식사 후에 잊지 않고 복용할 수 있다. 건강 보조 식품이 방치된 채 사용 기한을 넘겨버리는 원인은 자꾸 잊어버리기 때문이다. 물 마실 때 잊지 않고 복용할 수 있도록 정수기와 가장 가까운 장소에 수납하자. 정수기 옆에 우리 집과 잘 어울리는 바구니를 두고 건강 보조 식품과 매일 복용해야 하는 약을 같이 수납하면 된다.

이보다 더 좋은 방법은 정수기가 설치되어 있는 하부 공간에 높이가 낮은 서랍이 있다면 그 서랍에 수납하는 것이다. 작은 물

Part 2.
모든 공간에는 역할이 있다

건들은 위에서 아래로 내려다보이는 장소에 두는 것이 좋기 때문이다. 서랍을 열어놓고 하나씩 순서대로 꺼내서 복용할 수 있다면 깜박하고 건너뛰는 일이 없어진다.

> **한 줄 Solution**

❶ 상비약은 가족들이 사용하기 편한 거실장 서랍이나 콘솔에 한눈에 보이도록 수납한다.

❷ 건강 보조 식품은 정수기 바로 옆이나 근처 서랍에 수납하자.

도와줘요!
잡다한 서류 정리

서류는 정리 정돈을 해도 해도 개운한 느낌이 들지 않는 아이템 중 하나다. 그렇지만 시간만 들이면 누구나 쉽게 정리할 수 있다. 사실 별로 어려울 것도 없다.

첫 번째, 어느 집이나 있는 매뉴얼 정리다. 자주 보지는 않지만, A/S 받거나 사용법을 참고할 때 필요하니 버릴 수는 없다. 매뉴얼을 필요할 때 쉽게 찾을 수 있는 비밀은 '아코디언 파일'이다. 아코디언 파일은 말 그대로 아코디언처럼 접히고 펼쳐지는 서류철이다. 이것을 이용하면 매뉴얼 정리가 쉬워진다. 아코디언 파일에 매뉴얼을 넣고 라벨만 붙이면 된다. 그러면 뒤적이지 않

Part 2.
모든 공간에는 역할이 있다

고도 무엇의 매뉴얼인지 한눈에 알아볼 수 있다. 라벨지 컬러를 다르게 해주면 눈에 더 잘 띈다.

두 번째는 자녀들의 상장이나 자격증 정리다. 자녀별로 '클리어 파일'을 준비해서 자격증은 자격증끼리, 상장은 상장끼리 넣어놓으면 된다. 파일이 한 권씩 쌓여갈 때마다 함께 성장하는 자부심과 성취감은 보너스다. 주민등록증만 한 크기의 자격증은 명함집에 정리하자. 사이즈도 딱 맞고, 취득한 자격증을 쉽게 찾아볼 수도 있다.

세 번째로 보험 서류다. 보험 회사들은 가입할 때마다 약관과 함께 파일을 준다. 보험 상품마다 따로따로 파일철이 되어 있으면, 가족 중 누가 어떤 보험에 가입했는지 기억나지 않는다. 약관과 보험 증서만 꺼내서 구성원 순서대로 클리어 파일에 끼워놓자. 누가 어떤 보험에 가입했는지 한눈에 알아볼 수 있도록 맨 앞 장에는 이름, 가입 연월일, 상품명, 금액 등을 간단하게 기록한다. 맨 앞 장만 보아도 우리 가족이 어떤 보험에서 무슨 보장을 받는지 알 수 있다. 이왕 가입한 보험이니 제때제때 보장받도록 하자.

네 번째는 보관용 팸플릿이다. 영화, 뮤지컬, 연극 또는 전시회 등을 즐겨 다니는 사람들은 팸플릿을 가져오고는 한다. 관람

횟수가 더해지면 양이 많아져서 박스에 담아놓는 경우도 흔하다. 그런데 한번 박스에 들어가면 꺼내보지 않게 된다.

언제든 쉽게 꺼내볼 수 있도록 '3공 바인더'를 이용해보자. 문화 활동은 대부분 좋은 사람과 즐거운 시간을 보낸 경험이다. 그래서 행복한 추억으로 남는다. 팸플릿만 보아도 누구랑 어떤 시간을 보냈는지 떠올릴 수 있어 두고두고 보아도 지루하지 않고, 지나간 시간을 회상하면서 행복해질 수 있는 멋진 아이템이다.

3공 바인더는 취미나 공부 관련 자료 모으기에도 유용하다. 요리를 배우러 다닌다면 매번 레시피 자료를 받을 것이다. 구멍을 뚫고 순서대로 끼워놓기만 하면 언제든 배운 요리를 실습할 수 있다. 요리뿐만 아니라 관심 있는 자료들을 수집하기 딱 좋다. 자료 크기가 작아서 3공 바인더에 넣기 부적합하다면 따로 준비한 비닐 안에 넣어 끼우면 된다. 3공 바인더는 고리를 쉽게 여닫을 수 있어 필요에 따라 자료의 위치도 쉽게 옮길 수 있다. 일단 3공 바인더에 모아놓으면 분야별로 나만의 매뉴얼이 될 것이다.

마지막으로 여행 후 비행기 티켓, 관광 명소의 입장권과 팸플릿 등을 가지고 올 때가 있다. 대부분 가져만 올 뿐, 가방에 그대로 방치하다 버리고 만다. 여행에서의 값진 추억이 담긴 물건인데 말이다. 그때그때 추억의 물건과 함께 여행의 기록을 남길 수

Part 2.
모든 공간에는 역할이 있다

있다면 가장 좋겠지만 여행 다니면서 기록하는 것이 말처럼 쉬운 일은 아니다.

그렇다면 어떻게 하는 것이 좋을까? 여행의 추억을 보관하는 방법은 간단하다. 가지고 온 기록물들을 여행지별로 분류한 후 하나의 '플라스틱 파일 케이스'에 모아놓고 날짜, 여행지, 동행인 정도만 기록해놓자. 특별히 정리할 필요도 없다. 한꺼번에 모아만 놓으면 된다. 라벨링만 해놓으면 어떤 여행지의 추억이 들어있는지 바로 알 수 있다.

이 여행지 파일은 두고두고 행복한 시간을 만들어내는 요술램프가 될 것이다. 파일이 늘어가는 만큼 경험과 추억도 쌓여간다. 사람의 뇌는 부정적이라 이렇게 의도적으로 노력하지 않으면, 행복한 시간을 쉽게 잊어버릴 수도 있다.

추억을 방치하지 말자

과거에는 영상을 비디오테이프에 기록했다. 요즘은 비디오테이프를 거의 사용하지 않다 보니, 출력 기계는 없는데 비디오테이프만 가지고 있는 사람이 많다.

비디오테이프는 절대로 방치되어서는 안 되는 것 중 하나다.

부모님의 여행 기록이나 자녀들의 귀여운 모습이 담긴 비디오테이프를 쉽게 버릴 수 있는 사람은 아마 없을 것이다. 그렇지만 영상을 볼 수도 없는데 가지고만 있는다면 무슨 의미가 있을까? 소중한 것은 영상 속의 추억이지, 비디오테이프 자체가 아니다.

이런 비디오테이프를 가지고 있다면, 파일로 변환해보자. '비디오테이프를 mp4로 변환'이라고 검색하면 파일로 만들어주는 업체가 무척 많다. 컨버터를 구입해서 집에서 직접 변환할 수도 있지만, 이런 작업에 익숙하지 않다면 업체 이용을 추천한다.

그다음 컴퓨터와 USB 등의 외부 저장 장치에 저장해놓자. USB는 TV와 연결해서 쉽게 내용물을 볼 수 있다. 명절 같은 때 가족 및 친척들이 다 모여 부모님의 여행 영상 등을 함께 보면 이보다 더 좋을 수 없을 것이다.

우리 아이의 첫 울음소리나 자녀들이 성장하면서 부른 노래 등이 담긴 녹음테이프 역시 버릴 수 없다. 이렇게 대체 불가능한 녹음테이프들은 조용한 시간에 휴대폰으로 옮겨보자. 녹음 기능을 켜놓은 다음 카세트테이프를 재생해 녹음하면 된다. 이렇게 옮겨놓으면 듣고 싶을 때 언제든 들을 수 있을 뿐만 아니라 들을 때마다 행복해질 것이다. 휴대폰에 저장된 녹음 파일은 컴퓨터에도 저장하고 USB에도 담아놓자. 백업 파일을 여러 개 만들어

Part 2.
모든 공간에는 역할이 있다

놓으면 그중 한 개가 고장 나더라도 안심할 수 있다.

이런 물건들은 아무리 많은 돈을 주어도 살 수 없다. 삶에서 정말 중요하고 소중한 물건들이니 한 번만 공들여 정리해보자. 정성껏 정리한 이런 자료들은 내가 나를 존중하고 사랑할 수 있게 해준다.

한 줄 Solution

소중한 추억은 언제든 소환할 수 있게 정리하자.

앨범 속에는
행복한 추억으로 가득하다

바쁘게 살다 보면 어제가 오늘 같고, 내일도 오늘 같겠지 하는 생각이 든다. 매일같이 힘들고 지치는 일들만 넘치는 것 같이 느껴진다. 그렇지만 어떤 사람에게도 불행한 일만 일어나지는 않는다. 그런데 왜 유독 내 인생만 힘들게 느껴지는 걸까?

인간의 뇌는 긍정적인 정보보다 부정적인 정보를 1.4배 더 잘 받아들이고 3배나 더 오래 기억한다고 한다. 뇌 과학자들은 부정적인 정보의 기억이 생존에 유리하기 때문이라고 이야기한다. 그래서 많은 사람이 자기 인생을 책으로 쓰면 10권이 넘을 것이라고 말하나 보다.

Part 2.
모든 공간에는 역할이 있다

앨범으로 들여다보는 소중한 추억

부정적이고 힘든 기억만 갖고 산다면 삶이 너무 퍽퍽하고 괴로울 것이다. 그래서 의도적으로라도 행복한 순간, 감사한 순간, '그동안 열심히 잘 살아왔어'라면서 나를 위로하고 충전하는 시간을 만들 필요가 있다.

사진은 그런 위로와 충전의 시간을 가질 수 있게 해주는 물건이다. 앨범 속 사진들에는 우리가 잊고 지내던 행복한 추억이 가득하다. 사진으로 남긴 순간들을 돌이켜보라. 주로 기억하고 싶은 순간을 카메라에 담는다. 그저 그런 듯한 일상도 사진으로 찍어두고 먼 훗날 다시 보면 모두 흐뭇하고 가슴 따뜻해지는 추억이다.

가족들이 모여 있을 때 사진 앨범을 꺼내서 이야기를 나누면 몇 시간이고 웃음꽃을 피울 수 있다. 아이가 처음 변기에 앉아 볼일 보는 모습도, 해맑게 그림 그리는 모습도, 환하게 웃으며 함께 여행하는 모습도, 매년 생일잔치하는 모습도 모두 가슴 벅차고 따뜻한 추억들이다. 이러한 일상이 모두 삶이다. 다소 힘들고 퍽퍽한 일상도 감사한 마음으로 살아가도록 만들어주는 것이 앨범의 역할이고 기능이다.

그렇다면 살면서 몇 번이나 앨범을 보며 지나간 추억들에 행복해하고 감사해할까? 대다수가 특별한 일이 없으면 거의 보지 않는다. 지나간 삶이라 들여다보고 싶지 않아서가 아니라 앨범이 너무 크고 무거워 꺼내기조차 힘들기 때문이다. 크고 무거워 꺼내기 힘들다는 이유로 앨범은 집집마다 갈 곳을 잃고 방황하고 있다. 장롱 안이나 발코니 수납장에서 빛을 보지 못하고 있기도 하다. 이제 앨범이 자기 역할을 다할 수 있게 해주자.

미니 앨범으로 추억까지 수납하기

언제든 쉽게 꺼내서 볼 수 있으려면 가볍고 부피가 작아야 한다. 그래서 한 손 안에 쏙 들어오는 미니 앨범을 추천한다. 사진을 컴퓨터에만 저장해놓는 사람들도 있는데 컴퓨터에 저장한 사진은 다시 보는 횟수도 적고, 보더라도 혼자서 보게 된다. 컴퓨터에 저장된 사진 중에서도 보는 순간 저절로 미소가 지어지고 가슴이 따뜻해지며 행복해지는 것만 골라 인화한 다음 미니 앨범에 넣어놓자. 기억하고 싶은 순간이라면 사진 한 장으로도 충분하다. 한 장만으로도 추억은 꼬리에 꼬리를 물고 행복을 가져다준다.

수납 정리 수업 시간에 다른 것은 안 해도 좋으니, 미니 앨범

Part 2.
모든 공간에는 역할이 있다

은 꼭 가족들과 함께 정리해보라고 권한다. 과제를 마친 수강생들은 한결같이 말한다.

"가족들과 함께 정리하면서 정말 많이 웃었어요. 얼마 만에 이렇게 행복하게 웃었는지 모르겠어요."

그러면서 가족들과 약속했다고 한다. 앞으로 살면서 힘들거나 서운할 때 함께 앨범을 들여다보면서 풀자고 말이다.

한 줄 Solution

❶ 사진을 찍으면 일단 갤러리나 폴더에 저장해놓자.

❷ 일정 기간마다 놓치고 싶지 않은 순간의 사진만 골라서 미니 앨범을 만들자.

❸ 때때로 사람들과 사진을 보면서 추억을 공유하자. 갑자기 내 삶이 감사해지는 마법이 일어날 것이다.

온 가족이 함께 즐길 수 있는 공간의 비밀

가족들이 모여 있다고 해도 딱히 함께할 수 있는 일이 없다면 같이 있는 시간이 즐거울 리 없다. 잠시 지친 일상을 내려놓고 크게 숨을 쉬어보자. 그리고 가족들과 더불어 재충전을 해보자. 그러기 위한 방법 중 하나로 시간 여유가 있는 주말에 가족들과 즐길 수 있는 게임 도구를 모아서 거실에 수납하기를 권한다. 윷이나 젠가, 할리갈리처럼 단순하지만 집중하게 만드는 마력이 있는 게임들 말이다.

윷놀이처럼 편을 나눠서 하는 게임은 앞서간 말을 잡기도 하고, 잡히기도 하면서 같은 팀끼리 환호하게 된다. 그 자체로 스

Part 2.
모든 공간에는 역할이 있다

트레스가 풀리는 것이다. 같은 팀원끼리 전략을 의논하면서 '이렇게 해, 저렇게 해' 하다 보면 의견을 조율하는 능력에 더해 끈끈한 전우애마저 생긴다. 컴퓨터 앞에서 혼자 하는 게임과는 차원이 다르다.

좋은 사람들과 함께 떠들고, 탄성을 터트리면서 신나게 웃도록 만들어주는 것이 아날로그 게임 도구들이다. 치킨, 피자 쏘기 또는 요구 사항 들어주기 등 간단한 상품을 걸고 게임해보자. 진다고 크게 억울할 것도 없다. 가족이니까.

함께함으로써 충만해지는 공간

악어 룰렛, 해적 룰렛, 오목, 알까기, 젠가 등 적은 인원이 가볍게 할 수 있는 게임은 많다. 일상의 무게를 내려놓고 한바탕 신나게 웃을 수 있는 소소한 시간을 만들어보자.

"윷이다, 개다!"

크게 소리치면서, 때로는 서로 타박하는 소리를 가만히 들어보라. 추억이 쌓이는 소리로 들릴 것이다. 소중한 사람들이 함께 웃는 시간에는 행복이 가득하다. 게임을 하며 집중하고 단합하다 보면 마음이 저절로 충만해질 것이다.

게임 도구 수납공간으로는 거실장 왼쪽 끝 서랍의 위치가 좋다. 게임 도구도 어떤 것이든 사용하기 쉽게 한데 보관해야 한다. 예를 들면, 윷판과 윷은 같은 곳에 두어야 한다. 다른 게임 도구들도 비슷한 것끼리 무리 지어서 넣어놓는 것이 좋다. 그래야 원하는 게임 도구를 망설임 없이 선택할 수 있다.

한 줄 Solution

거실장이 없다면 거실과 가까운 수납공간에 게임 도구를 모아놓으면 된다.

Part 2.
모든 공간에는 역할이 있다

깔끔한 전선과 케이블 정리 방법

요즘에는 5, 6구의 어댑터를 사용하는 집이 많다. 사용하는 전자 제품이 많기 때문이다. 그런데 전선과 어댑터는 정리가 어려운 아이템 중 하나다.

어떻게 정리해야 깔끔할까? 어댑터는 '전선 정리함'으로 정리하는 것이 편리하다. 전선 정리함은 멀티탭, 케이블 등을 깔끔하게 정리해주는 상자다. 좌우로 구멍이 있는 상자 형태라 멀티탭과 케이블을 넣은 채로 사용할 수 있다. 콘센트가 노출된 상태로 사용하면 먼지가 쌓여 화재가 날 수도 있고, 어댑터에 쌓인 먼지는 청소도 쉽지 않으니 안전하게 전선 정리함을 사용해보자.

전선 정리함을 사용할 때는 어댑터에 연결된 전선에 전자 제품의 이름을 라벨링 해놓자. 전기 코드가 여러 개 꽂혀 있으면 어느 제품의 코드인지 몰라 전원 스위치를 끄고 켜기가 어려워진다. 그러면 사용하지 않는 전자 제품도 계속 켜놓게 되니 대기 전력이 낭비되기 쉽다.

환경 보호를 위해서라도 각 전선에 라벨링을 해놓고 사용하지 않는 전자 제품의 스위치는 그때그때 끄도록 하자. 소소하지만 에너지 절약을 위한 의미 있는 일을 하는 것처럼 느껴져서 기분도 좋아진다. 이렇게 아주 작은 습관부터 하나씩 바꾸다 보면 삶도 바꿀 수 있다.

여기저기 늘어진 전선줄은, 나선형의 호스 같은 줄에 여러 가닥을 한 번에 넣을 수 있도록 만들어진 '뱀줄'에 넣어도 좋다. 테이프형 벨크로로 깔끔하게 묶어 정리 정돈하면 청소도 수월해진다.

모든 케이블에 라벨링을 하자!

용도가 분명한 케이블에는 라벨링을 해놓자. 휴대폰용이면 사용자 이름과 함께 '휴대폰용'이라고 적어놓는다. 카메라 충전

Part 2.
모든 공간에는 역할이 있다

기에도 '카메라용'이라고 라벨링 해놓으면 물건 사용 후 바로 제자리에 돌려놓지 못하더라도 언제든 물건의 제자리를 찾을 수 있다. 라벨링은 물건에 하는 것이다. 그러면 용도가 기억나지 않아 사용하지 못하거나 물건 찾느라 스트레스를 받는 일이 없어진다.

한 줄 Solution

❶ 전선마다 전자 제품의 용도를 라벨링 해놓으면 사용하지 않을 때 꺼놓음으로써 대기 전력을 절약할 수 있다.

❷ 늘어진 전선은 뱀줄이나 테이프형 벨크로로 묶어서 깔끔하게 정돈하자.

홈 트레이닝 운동 기구
간단 정리법

코로나19 이후 집에서 운동하는 '홈트족'이 늘었다고 한다. 그래서인지 요즘은 집집마다 운동 관련 용품을 꽤 많이 소유하고 있다. 요가 매트에서부터 스트레칭을 위한 밴드, 아령, 척추 교정 보조 기구 등 종류도 다양하다. 집에 운동 방을 만들어 홈트를 즐기는 사람도 많다. 운동 방이 따로 있을 때는 그 방 안에 모든 운동 용품을 수납해놓고, 그곳에서 바로 운동을 하기 때문에 큰 문제가 없다. 문제는 따로 운동 방이 없는 경우다. 이때는 운동 용품을 가지고만 있을 뿐 사용하지 않는 사람이 많다.

운동 용품을 가지고만 있는 것은 작심삼일의 문제가 아니다.

Part 2.
모든 공간에는 역할이 있다

마음먹고 운동하려면 집 안 어디선가 운동 용품을 찾아 거실로 들고 나와야 한다. 운동이 끝나면 다시 베란다 또는 방 구석 어딘가에 가져다 놓아야 한다. 자연스레 귀찮아서 운동을 자꾸 거르게 된다. 집에서 운동하기로 결심했다면, 운동할 장소에 운동 용품을 쉽게 꺼내고 보관할 수 있도록 하자.

운동 용품을 수납하는 요령

보기 좋은 바구니에 다양한 운동 용품을 담아놓자. 바구니를 선택하는 기준은 두 가지다. 첫째, 바구니를 놓아둘 공간에 사이즈가 맞는 바구니를 선택한다. 만약 거실에서 운동할 생각인데 소파 아래 공간이 있다면 그곳에 맞는 크기의 바구니를 사면 된다. 자잘한 운동 용품이 서로 섞이지 않도록 작은 바구니도 준비하자. 같은 용도끼리 담아놓으면 운동할 때 쓰기 번거롭지 않다.

둘째, 소파 아래 같은 공간이 따로 없다면 우리 집 인테리어와 잘 어울리는 뚜껑 있는 대나무 바구니를 준비하자. 원하는 곳에 종류별로 운동 용품을 담아둔 바구니를 놓고 사용하면 된다. 인테리어와 잘 어우러지는 바구니를 준비하면 조화롭게 수납이 가능하다.

말아놓아도 부피가 큰 요가 매트나 폼롤러 같은 것은 길이가 긴 바구니나 집에 있는 원형 통, 사각형 통에 수납할 수 있다. 요가 매트를 돌돌 만 다음 풀어지지 않도록 테이프형 벨크로로 위아래를 느슨하게 감는다. 말아놓은 요가 매트는 원형 바구니에 담아 소파 옆에 놓아주자. 팬트리가 있다면 그곳에 두어도 좋다. 팬트리는 보통 거실 옆에 있기 때문에 운동 용품을 꺼내는 데 어려움이 없다.

한 줄 Solution

그때그때 바로 꺼내 사용할 수 있도록 운동하는 장소에 운동 용품을 보관하자.

BALCONY

정리의 완성은
발코니 잡동사니로부터

잡화는 용도가 다양하므로 수납할 때 장소를 정하는 기준이 중요하다. 기준을 정할 때는 이 물건을 언제 어디서 사용하는지 생각하면 된다. '주거 공간 내에서 사용하는지, 집 밖으로 가지고 나가서 사용하는지'를 기준으로 정하면 편하다. 어떤 물건이든지 용도가 있다. 쓰일 때 함께 사용되는 물건도 있을 것이다. 결국 언제 어디에서 사용하느냐가 물건의 제자리를 결정하는 기준이다.

수납공간이 넓다고
정리 정돈이 해결되지 않는다

　물건은 보관이 아니라 사용을 위해 가지고 있는 것이다. 그러므로 같은 용도끼리 종류별로 모아서 한눈에 보이게 수납해야 한다. 그래야 꺼내서 사용하는 것은 물론이고 다시 제자리로 돌려놓기도 수월하다.

　그런데 물건이 많으면 대부분 선반형 수납장만 넓게 짜놓는다. 과연 수납공간만 넓으면 정리 정돈이 해결될까? 그렇지 않다. 잡화의 특징은 물건의 형태가 다양하다는 것이다. 종류에 따라 어떤 물건은 서랍이 편리하고, 또 다른 물건은 선반이 편리하다.

　많은 사람이 선반으로 설치된 수납공간에 바구니를 올려 물건을 수납한다. 이런 방식에는 두 가지 함정이 있다.

첫 번째는 물건이 항상 일정량을 유지하는 것이 아니라는 것이다. 양이 많아지면 바구니 위에 산처럼 물건이 쌓인다. 바구니 속 공간이 부족하니 물건을 그냥 위에 올려놓거나, 같은 종류의 물건을 서로 다른 공간에 넣게 된다. 그러다 보면 동선이 파괴되고 수납의 틀이 깨져버린다.

두 번째는 물건을 사용하려면 바구니째 꺼내 사용하고 다시 넣어야 한다는 것이다. 즉, 물건을 쓰기가 번거로워진다. 자연스럽게 물건 사용을 꺼리게 된다. 가지고만 있는, 사용하지 않는 물건에 무슨 의미가 있을까? 그런 물건은 무용지물일 뿐이다.

중요한 건 동선과 시스템

물건은 매일 필요한 것과 어쩌다 사용하는 것으로 이루어져 있다. 분기마다 계절 용품도 필요하다. 정리 정돈할 때는 모두에게 적절한 제자리를 찾아주어야 하는데, 사람들은 매일 사용하는 물건의 자리를 잘 생각하지 않는 경향이 있다.

매일 사용하는 청소기를 생각해보자. 인테리어를 할 때도 대부분 청소기의 자리는 생각하지 않는다. 만약 발코니 수납장을 짠다면 처음부터 청소기가 들어갈 수 있도록 수납장 공간을 확보하고, 그곳에서 충전할 수 있게 콘센트도 마련해야 한다. 제자리에 돌려만 놓으면 저절로 충전될 수 있는 시스템을 만들어야 하는 것이다. 그 공간에 청소 관련 용품을 함께 수납하면 청소가 간편해질 뿐만 아니라 청소하는 데 드는 시간도 줄어든다.

가장 중요한 일상을 놓치는 수납은 수납이 아니다. 일상의 동선을 최단 거리로 만들자. 그럼 편리한 생활을 유지할 수 있다. 더불어 삶의 여유도 누릴 수 있다.

한 줄 Solution

수납에서 가장 중요한 요소는 일상의 동선을 편리하게 만드는 것이다. 나의 하루 일과 중 어떤 부분이 불편한지 생각해보자. 불편함을 해결하는 것이 수납 정리의 목적임을 잊지 말자.

Part 2.
모든 공간에는 역할이 있다

가정 경제 살리는
새 상품 수납의 비밀

　우리는 이미 많은 물건을 지녔는데, 왜 자꾸 같은 종류의 새 물건을 사는 걸까? 많은 경우, 내가 어떤 물건을 몇 개나 갖고 있는지 파악되지 않기 때문이다. 한마디로 집안의 재고를 제대로 파악하지 못하고 있다는 이야기다. 이미 충분히 같은 물건을 갖고 있음에도 불구하고 세일 또는 현란한 말솜씨로 광고하는 모습을 보고 '사놓으면 언젠가 사용하겠지' 하면서 무분별하게 구입해본 적이 있다면 공감할 것이다. 예를 들어, 마트에서 1+1 칫솔을 보면 '일단 사다놓으면 쓰지 않을까' 하고 카트에 담는다. 그러고는 집 안 어딘가에 넣어놓고 잊어버린다. 집 안 물건의 재고가 파악되지 않는 것이다. 이런 수납 습관으로는 가정 경제를 효율적으로 계획할 수가 없다.

한눈에 재고 파악이 가능하도록

같은 용도라도 새 상품은 반드시 소분류해야 한다. 욕실 용품을 수납한다고 생각해보자. 한 바구니에 욕실 용품을 한꺼번에 담아 놓으면 어떤 물건이 몇 개 남아 있는지 잘 인식되지 않는다. 새 치약이 소량일지라도 작은 쇼핑백에 담아서 한눈에 보이도록 각각의 구역을 만들어주자. 그럼 새 치약을 꺼낼 때마다 저절로 재고 조사가 된다. 마지막 치약을 꺼낼 때 새 상품을 구입해도 아무 문제가 없다. 안 사도 되는 물건에 돈을 낭비하지 않아도 되니, 효율적인 소비까지 가능해진다.

화장품 역시 마찬가지다. 화장품은 집집마다 종류도 다양하고 양도 많다. 새로운 효능의 신제품이 나올 때마다 구매하는 사람도 있는데, 그 많은 화장품을 한 번에 다 사용할 수 없다. 화장품도 스킨은 스킨끼리, 로션은 로션끼리, 아이크림은 아이크림끼리 구분해 놓자. 수량 파악도 쉽고, 쇼 호스트의 현란한 말솜씨에 넘어가지 않고 주체적으로 소비할 수 있다.

Part 2.
모든 공간에는 역할이 있다

많은 사람이 스스로 소비를 결정하기가 어렵다고 말한다. 무엇이 필요한지 잘 모르기 때문이다. 우리는 상품을 소비하기 위해 태어나지 않았다. 넘쳐나는 정보 속에서 삶의 방향을 잃지 않고 주체적으로 판단하려면 내게 무엇이 필요한지 명확하게 판단하는 능력부터 키워야 한다. 일관성 있는 새 상품 정리 방법이 현명한 구매를 도와줄 것이다.

한 줄 Solution

새 상품은 모두 한눈에 보이도록 쇼핑백으로 구역을 만들어 종류별로 소분류하자. 이러한 수납 방법은 과소비를 막아 가계 경제에도 도움이 된다.

일상이 편리해지는
물건의 제자리 찾기

매일 사용하는 물건은 찾아 헤매는 일이 거의 없지만, 가끔씩 사용하는 물건이나 계절 용품 또는 취미 용품은 한번 꺼내려면 물건 찾아 3만 리를 시작해야 한다. 결국 물건 찾기를 포기하기도 한다.

인간은 물건을 찾아다니는 데만 무려 6년이라는 시간을 낭비한다고 한다. 절대 짧은 시간이 아니다. 전 재산을 다 주어도 살 수 없는 시간이다. 이 시간을 하고 싶은 일에 집중적으로 투자한다면 삶은 분명히 달라질 것이다.

물건의 제자리를 찾는 기준 4가지

물건의 제자리를 찾는 기준은 크게 네 가지로 나뉜다. 첫 번째, 현관 팬트리에는 집 밖으로 들고 나가서 사용하는 물건을 둔다. 예를 들어 운동 용품 중에서는 골프나 테니스, 배드민턴, 줄넘기, 자전거 용품 등이 있다. 아이들이 있는 집에서는 캠핑 용품과 물놀이 용품뿐만 아니라 모래 용품도 이곳에 두면 편리하다. 마스크와 일회용 물티슈, 일회용 휴지, 휴대용 소독제 등도 마찬가지다.

두 번째, 주거 공간 내 팬트리에는 청소 용품 및 가족이 공동으로 사용하는 휴지나 물티슈, 욕실 용품 등을 둔다. 한 번만 제자리를 찾아주면 가족들이 더 이상 물건 때문에 엄마를 찾지 않을 것이다.

세 번째, 거실과 이어진 앞 발코니 수납장은 우리 집에서 현관과 가장 먼 장소다. 이 장소에는 집 안에서만 사용하는 물건을 수납하면 된다. 계절 용품인 선풍기와 가습기, 제습기를 계절 따라 수납한다.

이때 반드시 물건을 넣고 뺄 수 있는 공간도 확보해야 한다. 공구나 전기용품, 크리스마스트리도 이곳에 자리하면 필요할 때 바로 찾아서 사용할 수 있다.

단, 계절 용품 중 선풍기나 부채 또는 모기약과 전기 파리채 같은 여름 용품은 실외기실에 따로 수납해도 좋다. 여름철 에어컨 작동 시간이 길어진 탓에 실외기실에 다른 물건들을 두면 화재의 위험이 높지만, 선풍기 같은 여름 용품들은 실외기 작동 전에 실내로 들여와 먼저 사용하기 마련이다. 에어컨보다 선풍기를 더 오랫동안 사용하므로 실외기가 작동하는 동안에는 그곳에 어떤 물건도 수납되어 있지 않다. 그러면 효율적으로 수납하면서도 안전하게 에어컨을 사용할 수 있다.

끝으로 주방 발코니에는 주방과 관련된 물건만 수납해야 한다. 주방 발코니에 관련 없는 물건을 쌓아놓기 시작하면 수납장으로 가는 길이 막혀 공간의 용도를 살릴 수 없게 된다. 주방 발코니에는 실온 보관 식품이나 김치 담을 때 필요한 대야나 큰 채반, 1년에 몇 번만 사용하는 큰 압력밥솥이나 냄비 등을 수납해 놓자.

한 줄 Solution

잡화를 수납할 때 어떤 물건을(What) 언제 사용하는지(When)에 따라 어디에 수납할지(Where)가 결정된다.

* 공동으로 사용하는 물건은 누가(Who)가 빠진다.

Part 2.
모든 공간에는 역할이 있다

발코니 수납공간 평면도

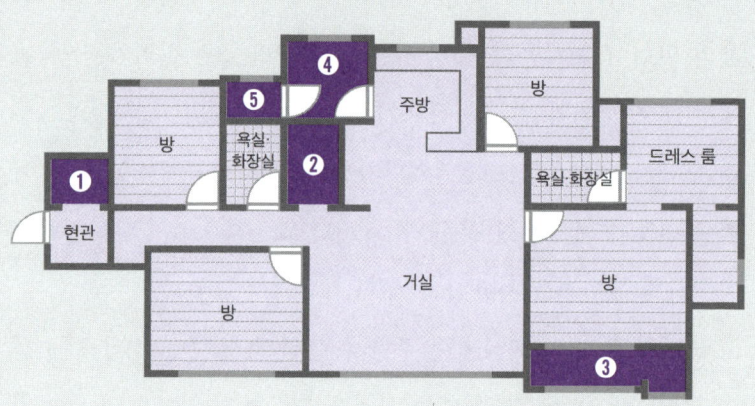

❶ 현관 팬트리 수납공간 : 집 밖으로 들고 나가는 물건 수납

❷ 주거 공간 내 팬트리 수납공간 : 가족이 공동으로 사용하는 물건과 청소용품 수납

❸ 앞 발코니 : 계절 용품 및 공구, 전기용품 등 집 밖으로 가지고 나가지 않는 물건 수납

❹ 주방 발코니 : 주방과 관련 있는 물건 수납

❺ 실외기실 : 선풍기, 손 선풍기 모기약, 파리채, 부채 등 여름에 선풍기가 실내로 나올 때 함께 사용하는 여름 물건들 수납

KITCHEN

주방 정리의 생명은 동선이다

과거와 비교하면 주방 환경은 놀랍도록 좋아졌다. 집집마다 냉장고에 식재료도 가득하다. 그런데도 '오늘 뭐 해 먹지'가 즐겁지 않고 스트레스 받는 일이 되어버린 이유는 무엇일까? 여러 이유가 있겠지만 가장 큰 이유 중 하나는 단연코 '주방의 동선'이다. 노동력과 시간을 낭비하게 만드는 주방 동선은 사람을 힘들게 한다. 제대로 된 정리는 깔끔하고 깨끗할 뿐만 아니라, 일을 쉽게 만들어야 한다. 이런 관점에서 주방 정리의 핵심은 동선 정리다.

Part 2.
모든 공간에는 역할이 있다

왜 모두 같은 수량의 물건을 가지고 살아야 할까?

 더 이상 엄마 혼자 가족들의 삼시 세끼를 책임지는 시대가 아니다. 주말에 남편과 아들이 요리하는 가족도 흔하게 볼 수 있다. 각자 자기가 좋아하거나 잘하는 음식으로 주말 식탁을 차려낸다. 문제는 좋아하고 잘하는 음식이 다르니, 사용하는 조리 기구와 양념도 다를 수밖에 없다는 점이다.

 특히 신혼부부 집의 정리 컨설팅을 할 때 주방에 대한 인식이 변했음을 많이 느낀다. 요리가 취미인 예비 신랑의 물건이 신혼집에 도착했는데, 향신료만 두 박스가 넘었다. 마치 매장처럼 그릇도 많았다.

이 남편은 상담할 때 전체적으로 본인보다 아내가 편하고 좋으면 된다고 했지만, 딱 하나 바라는 것이 있다면 자신이 요리하기가 편하면 좋겠다고 했다. 남편의 취미가 요리니 향신료와 그릇이 다양한 것은 당연한 일이다. 매일 비슷한 음식이라도 그릇만 바꾸면 색다르게 느껴지고 맛있어 보인다고 했다.

"그릇 종류가 많은데 모두 사용하시는 건가요?"

"네, 저는 그때그때 다른 그릇을 자주 사용해요."

예쁜 상차림 근처에 식구들이 모여 앉아 맛있게 먹으면서 대화하는 시간이 하루 중 가장 행복하다는 천생 살림꾼인 주부들이 있다. 요리 자체가 아니라 가족과 함께하기 위해 준비하는 시간이 행복한 것이다. 이런 집의 그릇은 행복을 담아내는 용도이므로 아무리 많아도 쓸데없는 물건이 아니다.

초대한 손님들을 위해 호텔식처럼 접시를 세 개씩 얹어놓고, 물잔과 와인 잔에 더해 촛대와 꽃까지 갖추어 차려낸다는 고객도 있었다. 격식을 갖춰 식사를 준비할 때 손님이 더 귀하게 느껴지고 본인도 행복해진다는 것이었다.

이런 취향이 아니더라도, 1년에 열두 번 이상 제사를 지내는 종갓집 맏며느리의 집에는 그릇도 컵도 냄비도 수저도 다 많을 수밖에 없다. 개개인의 취향과 상황이 다 다르다.

Part 2.
모든 공간에는 역할이 있다

나의 기준을 먼저 정해야 한다

정리 수납에서 중요한 것은 물건의 양이 아니다. 수납이란 각자 기호와 상황에 맞게 사용하기 편리하도록 일상의 시스템을 잡는 과정이기 때문이다. 그것이 동선이고, 공간의 가치다.

'그릇은 식구 수만큼만 남기고, 나머지는 버려라'라든지 '텀블러는 몇 개만 남기고 버려라' 같은 획일화된 기준은 잘못되었다. 개개인의 상황이나 그 공간에서 무엇을 하고 싶은지 생각하지 않고, 물건만 보기 때문에 할 수 있는 제안이다.

살아가는 모습이 다 다르니 물건의 종류도 양도 다를 수밖에 없다. 나의 기준을 먼저 정해야 한다. 사용할 물건의 종류도, 양도 내가 정해서 제자리를 찾아주면 되는 것이다.

한 줄 Solution

주방의 라이프 스타일을 먼저 정하자.
❶ 나와 우리 가족들은 어떤 음식을 좋아하는지 체크한다.
❷ 손님을 집에 초대하면 어떤 스타일로 음식을 대접할지 생각해보자.
❸ ❶번과 ❷번에 필요한 물건을 남긴다.

주방의 일에는
진행 순서가 있다

"매일 반복되는 일과 중에 어떤 일에 가장 심한 스트레스를 받으세요?"

질문이 끝나기 무섭게 여기저기서 다양한 대답이 들려온다. 그중 1순위는 언제나 "오늘 저녁 뭐 해 먹지?"다. 대답하는 목소리에는 간혹 한까지 맺혀 있다.

"남편 퇴근 시간이 다가오면 마음이 막 불안해요. 어수선한 집안은 놔두어도, 오늘 당장 해결해야 할 저녁 식사 때문에 마음이 안정되지 않아요."

이렇게 말하는 사람도 적지 않다.

Part 2.
모든 공간에는 역할이 있다

왜 요리하기가 힘든 걸까?

주방 일을 힘들게 만드는 요인 중 사람들은 '동선'을 쉽게 떠올리지 못한다. 동선이란 '어떤 일을 하는 데 필요한 움직임을 연결한 선'이다. 무슨 일이든 동선이 최단 거리여야 효율적인데, 많은 사람이 주방을 정리할 때 동선을 간과한다.

중학교 가정 수업 시간에는 싱크대 동선에 대해 배운다. 그때 배운 싱크대 동선을 떠올려보자. 주방 싱크대 동선은 '냉장고-준비대-개수대-조리대-가열대-배선대-식탁'의 순으로 배열되어 있다. 이 동선에 맞게 물건이 순서대로 수납되어 있어야 가장 효율적이다.

다른 공간은 가족 발달 주기나 가족 구성원의 특성에 따라 모두 달라야 하지만, 주방은 예외다. 한국 식문화의 동선은 거의 같기 때문이다. 그럼에도 지금까지 방문한 많은 가정집 중 작업대의 순서가 지켜진 주방은 신기할 정도로 만나기 어려웠다. 왜 그런 걸까?

작업의 효율성보다 일단 넓고 깔끔해 보이는 것에 치중한 탓이다. 그러다 보니 동선을 배제하기 일쑤다. 더 이상 그래서는 안 된다. 요리하는 시간이 즐겁고 행복하려면, 노동과 시간을 최소화할 수 있게끔 동선에 맞춰 수납할 필요가 있다.

동선에 맞는 수납이 일을 쉽게 만든다

미역국을 끓인다고 생각해보자.

첫 번째, 냉장고에서 소고기를 꺼낸다. 요리를 할 때 가장 먼저 하는 일은 냉장고에서 재료를 꺼내는 일이니까 말이다.

두 번째, 준비대에서 마른 미역을 꺼낸다. 실온 보관 식품은 재료를 준비하는 장소인 준비대에 보관하는 것이 좋다. 그래야 냉장고 다음 준비대로 자연스럽게 동선이 이어진다. 준비대가 서랍이면 더욱 효율적이다.

세 번째, 개수대에서 재료를 씻고 다듬는다. 마른 미역은 물에 불리고 소고기는 핏물을 빼야 한다. 그러므로 개수대 하부장에 볼이나 채반 등을 보관하면 바로 꺼내서 미역을 불리고 고기의 핏물도 뺄 수 있다.

네 번째, 조리대에서 미역과 소고기 볶는 데 필요한 참기름과 간장을 꺼낸다. 양념을 조리대에 보관하면 손질한 식재료에 손쉽게 양념할 수 있다. 한국 요리에는 제형과 크기가 각각 다른 양념이 필요하므로 바구니보다는 망장에 수납하는 편이 효율적이다.

다섯 번째, 가열대 근처에 프라이팬이나 냄비를 수납하면 불필요한 움직임 없이 쉽게 조리 도구를 꺼낼 수 있다. 미역국이 끓으면 간장으로 간하고, 조리대에서 바로 원위치에 간장을 수납

Part 2.
모든 공간에는 역할이 있다

한다.

 이것이 동선이다. 단 한 번으로 연결되는 동선은 요리를 간편하게 만들어준다. 바쁜 아침에도 생일을 맞은 가족에게 따듯한 밥과 미역국을 차려주는 일이 수월해질 것이다. 동선에 맞지 않는 물건을 여기저기 넣어놓으면, 물건 찾아다니다가 요리하기도 전에 이미 지쳐버린다.

 드라마 〈응답하라 1988〉에서 도롱뇽은 늘 바쁜 엄마가 생일 미역국을 끓여주지 않았다고 가출한다. 집밥은 단순히 끼니의 차원이 아니다. 가족의 건강과 정서를 지켜주는 매개체다. 작업 순서에 맞는 동선이 지켜지면, 물건의 제자리를 찾아줄 수 있다. 이때 작업 환경의 최적화가 이루어진다. 최적화가 이루어질 때 공간의 가치가 빛나는 법이다.

한 줄 Solution

주방 동선의 순서와 물건의 제자리(싱크대 하부장 기준)

❶ 준비대   실온 보관 식품(말린 미역, 다시마, 말린 나물 등)

❷ 개수대   세제류와 음식물을 씻거나 다듬는 데 필요한 물건(볼, 채반, 감자칼, 채칼, 세제류 등)

❸ 조리대   음식을 조리할 때 필요한 양념류(간장, 식용유, 식초, 참기름, 깨, 부침가루, 전분가루 등)

❹ 가열대   음식을 가열할 때 필요한 조리 도구(냄비, 프라이팬 등)

❺ 배선대   음식을 완성해서 담아낼 큰 접시류(상부장에 들어가지 않는, 일품요리를 담을 큰 접시 등)

준비대에는
어떤 물건을 수납할까?

상부장과 하부장에 수납이 가능한 준비대는 주방의 첫 번째 동선이다. 요리를 할 때 가장 먼저 사용하는 공간이라는 뜻이다. 첫 번째 동선에 맞게 재료들을 수납해야 한다.

준비대 하부장

싱크대에서의 첫 번째 동선으로, 요리하기 위해 재료를 꺼내는 공간이다. 주로 실온 보관 식품을 넣어놓는다. 미역이나 말린 나물, 당면, 스파게티 면처럼 실온에 오래 보관해도 무방한 건조

한 식품들을 넣어놓으면 준비대만 열어도 무슨 음식을 할 수 있는지 쉽게 알 수 있다.

준비대 상부장

준비대의 상판에는 정수기가 설치된 경우가 많다. 정수기가 설치되어 있다면 상부장에는 물과 연관된 컵, 텀블러, 물병, 보온병 등을 넣어두자. 물과 연관된 물건을 모두 이곳에 두면, 갑자기 보온병을 사용할 일이 생기더라도 손쉽게 찾을 수 있다. 상부장만 열면 물과 연관된 물건이 모두 있으니 말이다.

티백 보관

티백 같은 차 종류를 바구니에 담아 상부장에 수납하는 것은 바람직한 방법이 아니다. 물건의 부피가 작고 종류가 많을 때는 시선이 위에서 아래로 한눈에 보이게 수납해야 쉽게 찾을 수 있다. 바구니를 내렸다 올렸다 하는 일은 생각보다 번거롭다. 무엇보다 차와 티백의 양이 항상 일정한 것이 아니다.

바구니에 차 종류를 수납하면 처음에는 깔끔해 보이겠지만,

양이 많아질 때는 바구니 위에 올려놓게 되니 유지가 어렵다. 티백 종류는 하부장 서랍에 구역을 나눠놓고 같은 종류의 차끼리 구분해서 수납하는 게 좋다. 서랍을 열면 바로 한눈에 내려다볼 수 있기 때문에 필요한 차를 쉽게 찾을 수 있다. 수납이란 사용이 편리하고 유지가 가능한 자리에 물건의 제자리를 찾아주는 과정이라는 것을 잊지 말자.

한 줄 Solution

❶ 식재료를 준비해야 하니 준비대에는 장기간 보관이 가능한 건조 실온 식품을 수납하자.

❷ 준비대에 정수기가 설치되어 있다면 하부장 서랍에 티백 종류를 수납하고, 하부장에는 컵과 텀블러 등 물과 관련된 물건을 수납하자.

요리가 하고 싶어지는 양념 수납

궁합은 신랑 신부 간의 길흉을 의미한다. 과학적이지 않다고 말하는 이도 있겠지만, 사람마다 잘 맞는 사람이 분명히 따로 있다. 좋은 사람, 나쁜 사람의 기준이 아니다. 나에게 맞는 사람인지 아닌지가 중요하다. 나와 잘 맞는 사람과 함께할 때 일상이 행복해진다는 것을 부인하는 사람은 없을 것이다.

물건에도 궁합이 딱 맞는 수납 도구가 있다. 현장에서 정리 컨설팅을 진행하면서 가장 안타까운 것이 바로 수납 도구다. 많은 사람이 바구니만 있으면 정리가 되는 것처럼 잘못 이해하고 있다. 집 안 곳곳에 바구니만 넘쳐나는 까닭이다. 바구니 안에 물

Part 2.
모든 공간에는 역할이 있다

건을 넣어놓으면 처음에는 확실히 깔끔해 보인다. 그렇지만 수납은 효율적이어야 한다. 보기에 좋다고 제대로 된 수납은 아니다.

바구니 수납이 능사는 아니다

우리나라 음식은 대부분 많은 양념이 필요하다. 다양한 양념을 바구니에 넣어서 수납하면 요리할 때마다 바구니째 꺼내서 사용한 다음 원위치시키는 번거로움을 감수해야 한다. 게다가 양념은 가루와 액체로 구분된다. 종류에 따라 용기의 크기가 다르므로 한곳에 모두 수납하기가 힘들다. 이런 이유로 양념들은 여기저기 흩어져 수납된다. 더불어 요리할 때는 싱크대 상판 위에 재료를 썰고 무치고 해야 하기 때문에 이미 많은 물건이 싱크대 위에 올라와 있다. 이 상태에서 양념 꺼내기가 귀찮기 때문에 음식 준비는 하기 싫은 일이 되어버린다.

복잡한 양념 정리는 망장 하나로 간단하게

조리대 하부장에 선반을 빼고 인출식 망장만 설치하면 복잡한 양념 정리를 간단하게 해결할 수 있다. 시중에서 구입할 수 있는 망장은 바닥 부분에 레일이 설치돼 있어 쉽게 꺼냈다 넣을 수 있다. 크기는 200mm와 300mm로 구성되어 있으니 우리 집 조리대 공간에 맞는 사이즈를 선택하면 된다. 조리대 공간에 대부분 설치가 가능한 300mm 치수의 망장에는 한식에 필요한 양념들을 전부 수납할 수 있다.

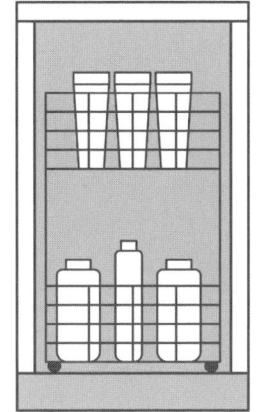

망장은 2단으로 구성되어 있다. 1단에 액체류 양념을, 2단에 가루 양념을 수납하면 된다. 망장만 인출해놓으면 조리대와 가열대에서 쉽게 양념을 꺼낼 수가 있다. 한눈에 보이기 때문에 허리를 구부릴 일도 없어질 뿐더러, 요리 시간과 동선이 짧아진다. 요리가 훨씬 수월해지는 것이다.

조리대 하부장이 넓다면 망장을 두 개 설치하는 것도 좋다. 두 번째 망장에는 카레, 부침가루 같은 가루 종류를 수납하면 효율적이다. 호박전을 부친다고 가정해보자. 냉장고에서 꺼낸 호박을 씻어서 썬 다음, 조리대 공간에서 밀가루와 식용유, 소금만 꺼내면 된다.

가루 종류 수납은 물통으로

가루 종류는 물통에 수납해보자. 지퍼백에 보관하면 여닫을 때마다 가루가 날리고 번거롭다. 물통에 부침가루, 튀김가루, 전분가루, 밀가루 등을 넣은 뒤에 라벨링만 해놓으면 뚜껑만 가볍게 열어서 사용할 수 있다. 전 부치기도 아주 쉬워진다.

수납 도구의 주목적은 예쁘게 보이는 것이 아니다. 편리하게 사용하고 효율적으로 유지하는 것이다. 식사 준비가 어렵지 않도록 양념 수납 시스템을 정비해보자. 마법처럼 요리가 즐거워질 것이다.

한 줄 Solution

복잡한 양념 정리는 인출식 망장으로 해결하자.

셰프도 부러워하는
조리 도구 정리 비결

양념처럼 요리할 때 꼭 필요한 조리 도구 역시 한눈에 보이고, 한 번에 꺼낼 수 있어야 식사 준비 시간이 편해진다. 그렇지만 싱크대 벽면에 걸어놓는 방법은 권장하고 싶지 않다. 식당처럼 계속 사용하는 것도 아닌데 조리 도구를 오픈 수납하면 어수선해 보일 뿐만 아니라 먼지에 노출돼서 위생적이지도 않다. 그렇다고 서랍에 넣어놓으면 요리할 때마다 필요한 조리 도구를 찾기 위해 뒤적거려야 하는 번거로움이 있다. 그렇다면 어떻게 수납하는 것 가장 효율적일까?

Part 2.
모든 공간에는 역할이 있다

효율적인 수납 정리란?

효율적인 수납 정리의 핵심은 일할 때 동작의 횟수를 줄여주는 것이다. 두세 번 움직일 것을 한 번으로 줄일 수 있어야 한다. 위생적이면서도 한 번에 조리 도구를 사용할 수 있게 수납하는 방법은 간단하다.

싱크대 가열대 하부장에 폭이 좁은 망장이 설치되어 있다면 모든 양념을 수납하기가 어렵다. 그래서 대부분 이 공간을 제대로 활용하지 못하고 낭비한다. 그럴 때는 망장의 철제 선반을 빼고 타공판을 설치하자. 다행히 철제 선반은 빼기가 쉽다. 여기서 뺀 철제 선반을 팬트리 문 안쪽에 설치하면 유용하게 사용할 수 있다.

망장에 타공판 설치 방법

철제 선반을 뺀 망장 수납공간에 타공판 설치하기는 어렵지 않다. 망장 수납공간의 깊이와 세로 크기를 재서 인터넷 쇼핑몰에 주문하면 공간에 딱 맞는 타공판이 도착한다. '타공 보드' 또는 '타공판 보드'라고 검색하면 쉽게 다양한 제품을 찾을 수 있다. 구매한 타공판을 망장 틀에다 케이블 타이로 묶기만 하면 된다.

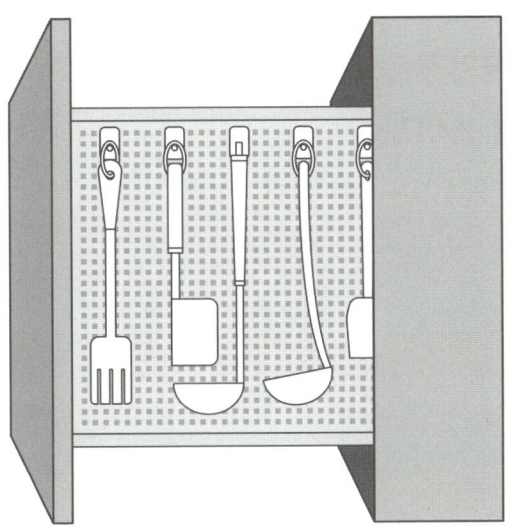

타공판을 주문할 때는 고리도 함께 주문하는 것이 좋다. 망장 수납공간보다 가로 길이가 조금 작은 치수의 고리를 주문해야 인출할 때 걸리지 않는다.

망장이 있는 곳은 가열대의 아래 공간이다. 조리할 때 인출하면 모든 조리 도구가 한눈에 보인다. 요리하는 공간을 편하게 만들면 일상적인 스트레스를 줄일 수 있다.

한 줄 Solution

망장에 타공판을 설치해서 조리 도구를 수납해보자.

Part 2.
모든 공간에는 역할이 있다

작은 물건들은
한눈에 보이도록

　모든 물건은 한눈에 보이게 수납해 한 번에 찾아낼 수 있어야 한다. 이 사실은 진리다. 그런데 작은 물건을 바구니에 담아 상부장에 넣어놓으면 어떤 물건이 있는지 파악되지 않아서 쓰기가 어렵다.
　주방에서 서랍은 참 귀한 공간이다. 작은 물건들이 한눈에 보이게 수납할 수 있으니 말이다. 작은 물건은 서랍처럼 시선이 위에서 아래로 내려가는 지점에 수납해야 편리하다. 이때 주의할 점이 있다. 같은 용도의 아이템이 다양할 때, 용도가 같더라도 종류가 다르면 반드시 상자 등으로 각자의 집을 만들어주어야 한다는 점이다. 그래야 물건들이 섞이지 않고 한눈에 파악이 가능할 뿐더러, 사용할 때마다 재고가 파악되어 불필요한 소비를 방지할 수 있다. 효율적인 수납으로 짜임새 있게 경제생활을 할 수 있는 것이다.

일회용품 초간단 해결 방법

주방에서 일할 때는 비닐랩, 알루미늄 포일, 종이 포일, 지퍼백, 일회용 장갑 등 많은 종류의 일회용품이 사용된다. 특히 한국에서는 식문화의 특성상 김치를 썰거나 나물을 무칠 때 일회용 장갑 등이 자주 사용된다. 일회용품 사용을 권장하는 것은 아니지만, 꼭 사용해야 한다면 한번에 바로 꺼낼 수 있게끔 보관하는 것이 좋다.

폭이 좁은 망장에 일회용품을 세워서 수납해보자. 폭이 좁으면 어차피 모든 종류를 수납할 수 없어 양념을 보관하는 것은 비효율적이다. 이곳에 일회용품을 수납해놓으면 위에서 바로바로 꺼낼 수 있어서 편리하다. 더 편리한 방법은 일회용 비닐팩이나 지퍼백이 들어 있는 상자의 윗부분을 개봉해서 사용하는 것이다. 이렇게 하면 상자를 꺼내는 번거로운 작업을 생략할 수 있다.

Part 2.
모든 공간에는 역할이 있다

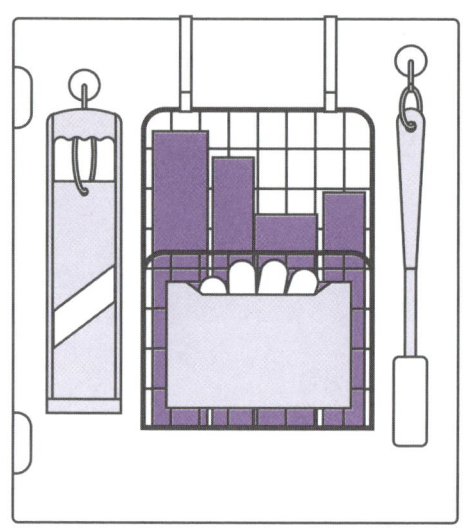

　　망장이 없다면 개수대 문에 네트를 걸어서 사용하는 방법도 있다. 개수대 공간에서 사용하는 채칼이나 감자칼도 이 장소에 함께 수납해놓자. 편리하게 사용할 수 있어 요리 시간까지 단축되므로 식사 준비가 귀찮거나 어렵게 느껴지지 않을 것이다.

한 줄 Solution

❶ 부피가 작은 물건은 시선이 위에서 아래로 향하는 공간에 수납해야 한다.
❷ 네트를 개수대 하부장 문에 걸어서 일회용품을 수납하자.

개수대 하부장 완전 정복

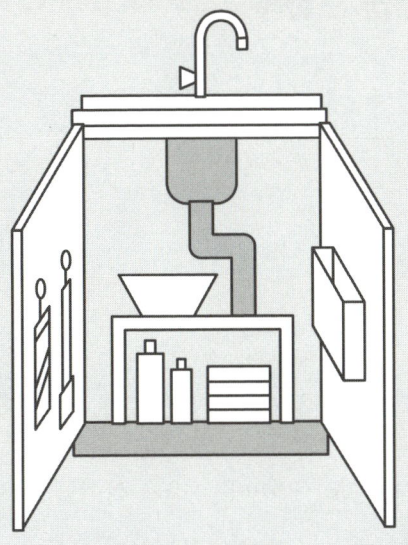

개수대는 그릇이나 식품을 세척하는 공간이므로 세척용 솔이 필요하다. 개수대 문에 칫솔꽂이를 걸어서 세척용 솔을 수납하면 좋다. 개수대 하부장에 싱크인 선반을 설치해서 볼이나 채반 등을 넣어놓으면 동선이 짧아지지만, 이 공간에 보일러가 설치되어 있어서 조리 도구나 식기 수납을 꺼리는 사람들도 있다. 싱크대 공간에 여유가 있다면 여기에는 세척 관련 세제들만 수납해도 무방하다. 앞뒤로 높낮이를 달리해서 압축봉을 설치하면 두 개의 압축봉 사이에 바구니를 걸칠 수 있어서 물건을 꺼내기도 편리하다.

Part 2.
모든 공간에는 역할이 있다

적극 활용해야 하는
텀블러 수납 노하우

텀블러 사용은 일상에서 아주 작게 실천할 수 있는 환경 보호다. 나는 외출할 때 습관처럼 텀블러부터 챙긴다. 당연히 텀블러 꺼내기가 편리해야 한다. 그런데 앞뒤로 줄 맞춰 세워놓으면, 모양도 형태도 다양한 탓에 뒤의 텀블러는 거의 사용하지 않고 보관만 하게 된다. 바구니에 담아서 상부장에 수납하는 경우도 마찬가지다. 바구니 꺼내기가 번거롭기 때문이다.

가장 편리한 수납 방법은 페트병을 이용하는 것이다. 1.5L 페트병 윗부분을 자른 다음 잘린 부분에 손이 베이지 않도록 마스킹 테이프로 감싸준다. 그다음 상부장 공간에 맞게 끼워놓고 원기둥 형태의 텀블러를 페트병에 하나씩 넣어주면 편리하다.

텀블러의 크기가 달라 모두 페트병 안에 들어가지 않을 수도 있다. 텀블러의 두께가 다양하다면 북엔드를 이용해도 좋다. 원기둥 형태의 텀블러를 모두 길게 눕힌 다음 굴러가지 않도록 북엔드를 끼워주기만 하면 된다. 중간에 있는 텀블러를 꺼낸다 해도 위에서 저절로 다른 텀블러가 내려오기 때문에 형태가 무너질 염려는 전혀 없다.

이런 방식으로 수납하면 가지고 있는 텀블러를 한눈에 파악할 수 있다. 원하는 텀블러를 쉽게 찾을 수 있는 것이다. 그뿐만 아

Part 2.
모든 공간에는 역할이 있다

니라 가지고 있는 모든 물건을 골고루 사용할 수 있게 된다는 장점이 있다. 사용하기 힘들어 보관만 하고 있는 물건은 그저 짐일 뿐이다.

한 줄 Solution

텀블러는 눕혀서 수납한 뒤 굴러가지 않도록 옆에 북엔드를 끼워주자.

밥때가 두렵지 않은
냄비, 프라이팬 정리

여러 음식을 준비하는 한국 식문화에서는 주방의 동선과 그에 맞춘 물건의 제자리가 아주 중요하다. 물건들이 쓰기 편해야 요리에 주저함이 없어지기 때문이다. 음식을 준비할 때 가장 기본이 되는 냄비나 프라이팬이 여기저기 흩어져 있다면, 냄비 꺼내기부터 귀찮고 힘든 일이 되어버린다.

사실 냄비나 프라이팬 정리는 너무나 쉽다. 가열대 아래 하부장에 확장형 선반을 설치하고 위아래로 한 개씩만 넣어놓으면 바로바로 꺼내서 사용할 수 있다. 하부장 공간이 넓다면 확장형 정리대를 사용해 프라이팬도 한 개씩 꺼낼 수 있도록 수납하

Part 2.
모든 공간에는 역할이 있다

면 된다. 확장형 수납 도구는 우리 집 프라이팬 두께에 맞춰 넓이를 조절할 수 있기 때문에 공간 활용이 용이하다는 장점이 있다. 가열대 하부장의 폭이 넓지 않다면 가로형 프라이팬 정리대가 효율적이다.

어떤 수납 도구도 만능은 아니다. 우리 집의 공간에 맞는 수납 도구를 찾아 제자리를 찾아주자. 나와 가족을 위해 음식을 준비하는 일은 세상에서 가장 즐거운 일이 되어야 하지만, 과정이 번거롭고 힘들다면 결코 즐거울 수 없을 것이다. 동선에 맞춰 물건의 제자리를 확보하는 일이 기본이다. 영양가 높고 맛 좋은 음식으로 우리 삶의 질과 건강을 향상시킬 수 있다면 삼시 세끼 준비하는 일이 보람 있고 즐거운 일이 되지 않겠는가?

한 줄 Solution

확장형 선반으로 냄비와 프라이팬을 한 개씩 꺼낼 수 있는 시스템을 만들자.

동선이 살아 있는 싱크대 도면

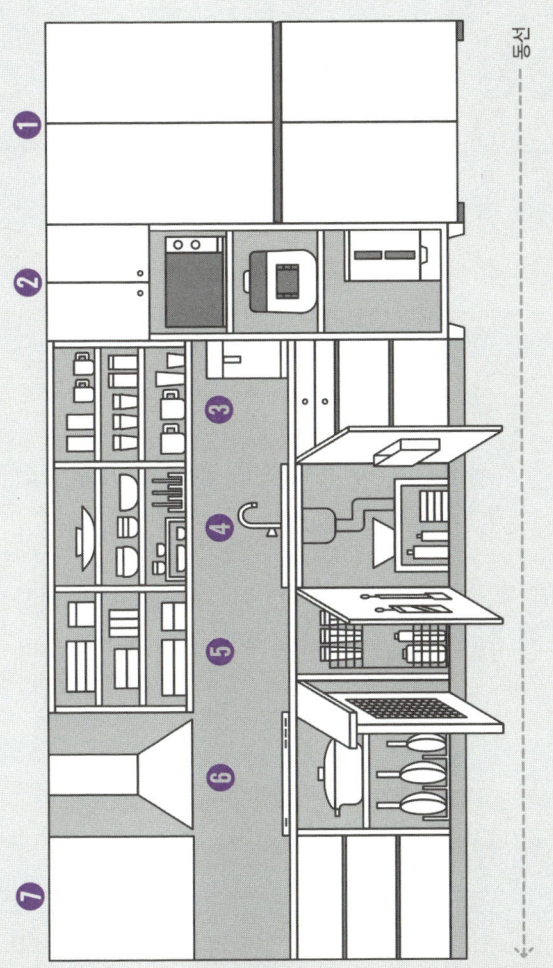

Part 2.
모든 공간에는 역할이 있다

12첩 밥상 차리는
냉장고 정리 노하우

우리나라 음식은 일품요리가 아니다. 밥상 한번 차리려면 밥, 국, 밑반찬 외 생선과 고기 등 여러 반찬을 준비해야 한다. 식사 때마다 가지각색의 반찬을 새로 준비하기란 쉬운 일이 아니다. 국 없이는 식사를 못하는 사람도 있는데, 이 역시 끼니마다 준비하기 어렵다. 그렇다고 방법이 없는 것은 아니다.

국은 한꺼번에 조리하고 1회분씩 냉동하자

시간적으로 여유가 있을 때 서너 가지 정도의 국을 한 번에 끓여보자. 국거리용 소고기를 구매한 날에 여러 국을 동시에 끓일 수 있다. 소고기 뭇국, 소고기 미역국, 소고기를 넣은 배춧국 등 한 가지 주재료로 끓일 수 있는 국들을 조리하면 된다. 완성된 국은 한김 식힌 다음 지퍼백이나 납작한 용기에 담아 냉동실에 얼리자. 이때 1회분씩만 담아 얼리는 것이 좋다. 1회분의 기준은 우리 집 국그릇이다. 한 개만 꺼내서 한 끼를 해결할 수 있는 용량으로 얼려놓으면 이보다 편할 수 없다.

일단 눕혀서 얼린 다음, 국이 다 얼면 세워서 종류별로 수납한다. 돌아가면서 하나씩 꺼내 먹으면 된다. 당연히 매번 얼려놓은 국을 먹을 필요는 없다. 냉동된 국은 바쁠 때를 위한 비상용이다.

찌개는 조리 전 재료만 냉동하자

국은 얼려도 맛에 큰 차이가 없는데, 냉동된 찌개는 맛이 떨어진다. 그러므로 찌개는 재료로 들어갈 야채만 얼리기를 추천한다. 양파, 대파, 고추, 호박 등을 된장찌개용으로 썰어서 얼려놓으면 먹을 때 두부만 썰면 되기 때문에 쉽게 된장찌개를 끓일 수 있다. 참고로 수분이 많은 야채류는 수저로 툭 쳐내면 쉽게 떨어진다.

Part 2.
모든 공간에는 역할이 있다

소분한 밑반찬을 김치냉장고에 보관해야 하는 이유

국과 밥만 있다고 식사가 해결되지 않는다. 반찬이 있어야 한다. 그런데 밑반찬은 딱 한 번 먹을 만큼만 만들기가 어렵다. 큰 통에 담아 끼니 때마다 꺼냈다 넣었다 반복하면 서너 번만 지나도 먹지 않게 된다. 버리기는 아까우니 냉장고 뒤쪽에서 자리만 차지하고 있다가 시간이 흐르면 결국 버려진다.

밑반찬을 만들었다면, 작은 반찬통에 소분해서 담아놓자. 그중 한 개씩만 반찬용 나눔 접시에 담아 냉장고에 넣어놓고 나머지는 김치냉장고에 보관하자. 김치냉장고는 일반 냉장고보다 냉장성이 좋고 온도 변화가 적기 때문에 오랫동안 신선하게 밑반찬을 보관할 수 있다. 처음부터 소분해놓으면 반찬이 상하는 속도를 늦출 수 있다.

냉동실 문에는 양념류를 수납하자

냉동실 문에는 고춧가루, 들깨가루처럼 온도 변화에 민감하지 않은 가루 양념류를 수납하자. 이 외에도 개폐가 쉬운 수납 도구에 부침가루, 감자가루, 찹쌀가루 등을 담아놓으면 요리할 때 쉽게 사용할 수 있고, 유지도 편하다.

한 줄 Solution

똑똑한 냉장고 수납 방법

❶ 여유 공간 남겨두기
❷ 투명 용기 활용하기
❸ 냉동실은 종류별로, 세로로 수납하기
❹ 반찬은 한 번 먹을 만큼 소분하기
❺ 사용 기한이나 구입 일자 적어두기
❻ 채소는 신선하게 오래 보관하기 위해 밭에서 자란 모습 그대로 보관하기

냉장고 잡냄새 제거 방법

❶ 숯		다공질의 탄소 덩어리로 습기를 흡착하고 방출하는 성질이 있다. 제습력이 강하고, 습도 조절도 한다. 키친타월에 싸서 냉장고에 넣어두면 과일의 신선도를 유지할 수 있다. 씻어서 말린 후 재사용도 가능하다.
❷ 커피 원두 찌꺼기		냉동실에 커피 원두 찌꺼기를 넣어두려면 전자레인지에 돌린 다음 건조시키자. 냉장실에서는 젖은 상태로도 거의 모든 냄새를 다 잡아준다. 분쇄된 커피 찌꺼기는 빠르게 산화가 진행되면서 냄새와 습기를 제거하므로 신발장, 자동차 안에 사용해도 좋다.
❸ 녹차 티백		녹차는 식물성 항균제로 노화 방지 및 부패 억제(탈취 작용)의 효과를 지녔다. 음용한 티백은 말려서 냉장고에 넣어준다.
❹ 식초		세정 살균의 탈취 효과를 지녔다. 청소 후 냄새는 사라진다.

CHILD'S ROOM

연령에 맞는 방 구성은 자녀의 인생을 바꾼다

전문가들은 양육의 궁극적인 목적이 자녀의 사회화라고 말한다. 많은 부모가 자녀 교육에 많은 시간과 돈과 노력을 들이는 까닭이다. 하지만 자녀의 연령에 맞는 환경 조성의 중요성은 아직 잘 모르는 것 같다. 연령에 맞는 방 환경은 자녀의 자기 주도 학습 능력을 형성시켜주는 가장 중요한 조건이다. 공간을 어떻게 활용하느냐에 따라 자녀의 습관과 성격을 바꿀 수 있다.

신생아기 :
엄마가 편해야 자녀가 행복해진다

세상에 막 태어난 아이는 엄마의 반응으로 세상과의 상호 작용을 배운다. 엄마가 일상에 지쳐 긍정적으로 반응할 수 없다면, 아이가 바라보는 세상도 어둡고 부정적일 수밖에 없다. 이 시기 가장 우선해야 하는 수납의 조건은 아이 물건이더라도 엄마가 사용하기 편해야 한다는 점이다. 신생아의 물건은 결국 엄마가 사용하는 물건이다. 즉, 엄마가 사용자다.

출산 일이 다가오면 패밀리형이나 벙커형 침대, 아기 옷장이나 유아용 서랍을 많이 준비한다. 잘못된 아이템들이다. 아무리 넓은 패밀리형 침대라도 아기를 눕혀놓으면 엄마가 편한 자세

Part 2.
모든 공간에는 역할이 있다

로 숙면하기 어렵다. 수시로 깨는 아이를 돌봐주기 위해서라도 엄마는 언제든 편한 자세로 누워서 잘 수 있어야 한다. 엄마는 엄마 침대에 눕고, 아기 침대는 한쪽의 낙하 방지 커버를 내려서 엄마 침대 옆에 붙여놓자. 그럼 아기도 엄마도 편하게 잘 수 있다.

벙커형 침대도 마찬가지다. 아이가 바닥에 있으면 매번 일어났다 앉았다를 반복해야 하므로 엄마의 피로도가 높아질 수밖에 없다. 아기 침대는 엄마의 움직임을 최소화할 수 있어야 한다. 그래야 엄마의 에너지 낭비를 막을 수 있기 때문이다. 누수되는 에너지 없이 아기에게 집중할 수 있는 환경을 만들어야 한다.

그런 의미에서 바퀴 달린 아기 침대를 추천한다. 아기 침대가 이동할 수 있다면 부모가 책을 읽거나 자기 계발하거나 재택근무 하면서도 아이를 돌볼 수 있을 것이다.

아이 옷장의 실 사용자는 주 양육자

아이 옷장도 실질적으로 신생아는 사용할 수 없다. 이 시기에는 주 양육자가 편하게 옷을 수납하고 꺼낼 수 있는 5단 서랍장이 더 유용하다. 아이 옷은 전반적으로 부피가 작기 때문에 서랍

높이도 일률적인 것보다 다양한 것이 좋다. 높은 서랍에는 부피가 큰 우주복 등을 수납하고, 낮은 공간에는 내복 등 부피가 작은 옷을 수납하는 것이다.

밤낮없이 수유해야 하는 시기이기에 편안하게 수유할 수 있도록 리클라이너나 흔들의자를 준비하는 것도 좋다. 한밤중에 수유하면서 흔들흔들 아가도 재우고 엄마도 살짝 눈을 붙일 수 있는 가구다.

기저귀나 물티슈, 파우더 등 수시로 사용해야 하는 물품은 이동식 트롤리에 보관하자. 집 안 어디든 쉽게 이동하며 사용할 수 있다. 주 양육자의 동선을 최적화시켜 아이에게 가장 중요한 시기를 헛되이 보내지 않도록 해야 한다.

한 줄 Solution

신생아기에는 아기를 돌봐주기 편하게 동선을 짜야 한다. 바퀴 달린 아기 침대, 수유용 흔들의자나 리클라이너, 기저귀가 수납된 트롤리 등을 동선에 맞추어 배치해보자.

Part 2.
모든 공간에는 역할이 있다

아동기 :
세 살 버릇 여든 간다

인간의 뇌는 완성되지 않는 상태에서 태어난다고 한다. 자라나면서 뇌가 완성되는 것이다. 뇌의 80%는 1개월에서 36개월 사이 형성되고, 10년에서 12년 사이에 최적화된다고 한다. 이 시기를 결정적 시기라고 하는 이유다.

뇌는 찰흙 같아서 사용하는 것은 길이 나고, 사용되지 않는 세포는 사라진다고 한다. 태어나서 12세 이전에 어떤 환경에 노출되느냐에 따라서 인생이 정해진다는 말이다. 한국에서 태어난 아이가 한국말을 잘하는 것이 당연하듯이, 자기 스스로 행동할 수 있는 환경일 때 재능도 찾아낼 수 있다.

36개월부터 다른 사람의 말을 이해하고 행동으로 옮기는 인지 능력이 형성된다고 한다. 아이에게 옳고 그른 것을 가르치기 시작하는 훈육이 시작되는 시기다. 정리 정돈 습관도 이때부터 형성해주어야 한다.

아이의 인지 능력 발달을 형성하는 눈높이 수납

평생 지닐 습관이 형성되는 시기이기 때문에 스스로 할 수 있게끔 아이의 눈높이로 수납하는 일이 너무나 중요하다. 뭐든지 배우는 대로 익혀나가는 시기에 스스로 할 수 없는 환경 때문에 엄마가 모든 것을 대신해준다면, 아이의 자율성은 형성되지 않는다.

일상에서 어떤 일을 시작부터 마무리까지 스스로 해내본 아이들은 스스로 선택하고 실행하고 마무리하는 기초적인 자율성을 깨우친다. 단순히 정리 잘하는 아이, 못하는 아이의 문제가 아니다.

다른 사람의 관점에서 세상을 보는 능력은 36개월 이후에 생긴다고 한다. 사회성을 키워가는 시작 단계이다. '세 살 버릇 여든 간다'는 속담이 괜히 생긴 것이 아니다. 아이의 눈높이에 맞

Part 2.
모든 공간에는 역할이 있다

는 수납장과 책장이 필요하다. 어른의 도움 없이 스스로 물건을 꺼내고 정리하는 법을 배울 수 있다. 장난감도 커다란 리빙박스에 마구잡이로 담아놓지 말고, 아이가 스스로 꺼내고 담아서 제자리에 놓을 수 있게 수납해주자. 이것이 시작이다.

한 줄 Solution

아동기에는 아이의 눈높이에 맞춰 장난감 수납장과 책장을 배치해주자.

학령기 :
자기 주도 학습 능력을 형성하는 방 꾸미기

　큰아이의 초등학교 입학 시기에, 아마도 많은 학부모가 가장 설렐 것이다. 8세에 처음 입학하는 것은, 받아들이는 정보를 스스로 판단하는 능력이 형성되는 시기이기 때문이라고 한다. 그래서인지 이 시기에 정리 컨설팅 의뢰도 많이 들어온다.

　스스로 판단하고 결정하기 시작하는 시기이므로 그에 적합한 환경을 만들어주는 것은 당연한 일이다. 이 시기의 자녀 방은 수면의 기능, 학습의 기능, 수납의 기능이 모두 충족되어야 한다.

　첫 번째, 수면의 기능은 말할 필요도 없이 중요하다. 충분한 숙면이 아이의 집중력을 높이고 건강 유지를 돕기 때문이다. 침

Part 2.
모든 공간에는 역할이 있다

대에 누웠을 때 대각선으로 문이 보여야 한다는 것도 잊지 말자. 가장 안정감을 느낄 수 있는 배치니까 말이다.

두 번째는 학습의 기능을 도와줄 책상 배치다. 책상도 문이 대각선으로 보이는 곳에 두면 좋지만, 침대와 책상을 같은 공간에 놓을 수 없다. 대부분 책상 배치는 차선을 선택한다. 바로 앉았을 때 고개만 옆으로 돌리면 방문이 보이는 배치다.

방문을 열었을 때 아이 뒤통수가 보이는 배치는 절대 피해야 한다. 이런 배치는 항상 감시당하는 느낌을 줄 수 있기 때문에 아이가 불안해서 집중력을 높일 수 없다.

아이의 자율성을 키워주는 수납

마지막으로 아이 스스로 정리할 수 있는 수납공간이 반드시 필요하다. 옷장은 대부분 초등학교에 입학하는 아이의 손이 닿지 않는다. 이런 구조 때문에 꺼내주는 옷을 입고, 벗어놓으면 부모가 빨래통으로 가져가는 것을 당연하게 여긴다.

스스로 챙겨 입고, 벗은 다음 빨래통으로 가져다놓는 것도 아이의 일상이다. 학령기에는 아이가 일상을 해결할 수 있는 능력도 형성해야 하는데, 많은 부모가 학습에만 신경 쓰고 일상적인

생활 능력을 형성하는 부분에는 소홀하다. 일상도 스스로 컨트롤할 수 없다면 자기 주도적 학습 능력을 키우기란 불가능한데 말이다.

옷장부터 아이의 손이 닿는 위치에 설치해주자. 붙박이장 안의 서랍에 아이의 손이 닿지 않는다면? 서랍을 철거해서라도 아이 스스로 해결할 수 있는 환경을 만들어주어야 한다. 본인의 일상을 컨트롤할 수 있어야 자기 주도적 학습 능력도 키울 수 있다. 자녀 방 컨설팅이 끝나고 어느 고객이 이렇게 말했다.

"전에는 뭐든지 엄마가 시키는 것만 할 수밖에 없는 환경이어서 몰랐는데, 아이가 스스로 선택하고 주도적으로 해나가는 모습을 보니 내 아이에 대해서 몰랐던 것을 많이 알게 되었어요. 너무 감사해요."

방 구조만 바꿔도 아이의 습관을 바꿀 수 있다. 자녀 방은 자녀의 발달 시기에 맞는, 자녀를 위한 자율적인 공간이여야 한다.

한 줄 Solution

학령기의 자녀 방은 아이 스스로 일상생활을 꾸려갈 수 있도록 공간을 구성해주자.

Part 2.
모든 공간에는 역할이 있다

청소년기 :
아이의 독립성을 존중하라

　청소년기 자녀를 둔 부모들은 집중적으로 공부시키기 위해 자녀 방 컨설팅을 의뢰하고는 한다. 이때 자녀 방의 위치를 안방 맞은편으로 선택하는 부모들도 있다. 그런데 자녀 방을 이렇게 배치하면 아이가 부모의 순수한 마음을 잘못 받아들일 수 있다. 쉽게 감시 체제로 들어가려고 하는구나 생각할 수도 있다는 것이다.

　부모와 자녀의 관계가 소원한 집들을 살펴보면, 자녀 방에 부모의 물건이 들어가 있는 경우가 많다. 물건 찾으러 들어간다며 누군가 불쑥불쑥 자기 공간을 침해한다면, 자신의 공간에서 안정감을 느낄 수 없다.

  청소년기에는 최대한 안방과 멀리 자리 잡은 방을 내주어야 한다. 그 방에는 오롯이 본인의 물건만 수납해주고, 공간의 독립성도 인정해야 한다. 간혹 자녀 방이 좁아서 학습의 기능만 채우고 의류 등은 다른 공간에 수납한 모습도 보게 된다. 본인의 물건을 찾아 이 방, 저 방 다녀야 하면 일상이 번거로워지므로 아이가 스트레스를 받을 수밖에 없다.

독립성을 길러주고 싶다면 먼저 존중해야 한다

  청소년기에는 너무 학습에만 초점을 맞춘 탓에 자녀의 취미를 무시하기도 한다. 네일 아트가 취미인 남학생이 있었다. 엄마는 남자애가 네일 아트나 하고 있다며 아들의 물건을 모조리 갖다 버렸다. 둘 관계는 소원해지고, 아들의 귀가 시간은 점점 늦어졌다. 당연히 엄마와의 사이도 계속 나빠졌다.

  컨설팅하면서 이야기를 들어보니 아이는 취미를 존중받지 못한 탓에 본인도 존중받지 못한다고 느끼고 있었다. 엄마는 자기 잘못을 인정하고 다시 네일 아트 공간을 만들어주었다. 이런 엄마의 배려가 존중으로 여겨지자 아이는 자기 공간으로 다시 돌

Part 2.
모든 공간에는 역할이 있다

아왔다. 그리 오래 지나지 않아 고객으로부터 이런 연락을 받았다. 아이가 공부에 집중해야겠다면서 스스로 네일 아트 물건을 박스에 담아서 팬트리에 넣었다는 것이다. 부모로부터 독립성을 인정받는 순간부터 아이의 독립적인 판단 능력도 형성된다.

한 줄 Solution

청소년기의 자녀 방은 가능한 한 부모의 방과 멀리 있는 공간에 마련해주자. 또한 자녀의 방에 다른 사람의 물건을 두지 않도록 한다.

학습에 도움이 되는 수납법

창의력 키우기에 독서 습관은 정말 중요하지만, 게임기나 휴대폰에 많이 노출된 아이들에게 책 읽히기는 어렵다. 그렇다고 답이 없는 것은 아니다. 딱 한 가지만 바꾸어주면 어렵지 않게 아이의 손이 책으로 가게 만들 수 있다. 바로 책장 선택이다.

책장 선택 시 고려해야 할 첫 번째 조건은 아이의 눈높이에 맞아야 한다는 점이다. 어른과 아이의 공간 감각에는 큰 차이가 있다. 책장이 너무 높으면 위압감을 느낄 수도 있으니 아이의 눈높이에 맞는 높이의 책장을 선택해야 한다.

또한 한 군데는 반드시 책 표지가 정면으로 보이는 전면 책장

Part 2.
모든 공간에는 역할이 있다

을 선택하는 편이 좋다. 전면 책장은 아이의 호기심을 유발하는 일종의 전시 공간이다. 읽고 싶은 책을 고르라고 하면서 책과 친해지게끔 유도할 수 있다.

시간을 정해놓고 매일 책을 읽어주면 아이가 독서에 취미를 붙일 수도 있다. 이런 노력 끝에 책을 읽지 않던 우리 아이가 날마다 읽게 되었다는 피드백을 받은 적도 있다.

많이 갖다놓는다고 저절로 책에 손이 가지는 않는다. 명품 매장에 드문드문 돋보이게 전시해놓은 상품에 사고 싶은 마음이 들듯이, 아이들도 좋아하는 그림책 표지가 눈에 보여야 읽고 싶어진다. 눈과 손이 책으로 갈 수 있도록 전면 책장을 준비해보자. 아이에게 평생 독서 습관을 선물할 수 있다.

트롤리 하나로 해결하는 문구류 수납 방법

학습을 시작하는 시기의 자녀를 둔 가정에는 문구류가 이곳저곳 흩어져 있다. 식탁에 문구류가 잔뜩 쌓여 있어 식사할 때 밥상을 따로 펴기도 한다. 문구가 제자리를 찾지 못해 물건도 가구도 공간도 제 기능을 하지 못하는 것이다.

이럴 때는 기저귀를 담아두던 트롤리에 문구류를 담아놓자.

트롤리는 미용실에 가면 흔히 볼 수 있는 바퀴 달린 3단 선반을 떠올리면 된다. 요즘은 가정집 인테리어를 해치지 않게 원목 또는 다양한 색의 디자인으로 나와 있어 쉽게 구매할 수 있다. 이 트롤리에 문구류를 종류별로 수납해둔 후 아이 혼자 자기 방에서 학습지를 할 때는 책상에서 사용하고, 부모님과 함께 미술 놀이를 할 때는 거실로 가지고 나와 함께하면 된다.

모두 사용하고 난 뒤 책상 옆자리로 이동만 시키면 된다. 스스로 정리 정돈하는 습관이 생길 뿐만 아니라, 각 활동에 적합한 공간에서 물건을 사용하기 때문에 아이가 창의적인 활동에 집중할 수가 있다. 종이접기, 오리기, 색칠 놀이와 찰흙 놀이 등 이 시기에 아이가 주도적으로 할 수 있는 놀이를 위해 문구류와 미술 용품은 모아서 수납하자.

한 줄 Solution

❶ 눈높이에 맞는 책장이 아동기의 책 읽기 습관을 길러준다. 전면 책장을 배치하자.
❷ 여러 장소에서 사용해야 하는 문구류는 이동식 트롤리에 담아 보관하자.

Part 2.
모든 공간에는 역할이 있다

진가를 발휘하는
추억의 물건 정리 방법

아이들에 관한 추억의 물건들은 대부분 여기저기 흩어져 있거나 팬트리와 발코니 수납장에 방치되어 있다. 신생아 때 입은 배냇저고리, 탯줄, 임신 테스트기까지. 지퍼백에 담겨 꺼내볼 수 없는 곳에 처박혀 있고는 한다. 추억의 물건이 아무런 의미가 없어지는 셈이다.

수시로 꺼내서 추억을 회상하며 자녀와 함께 그 순간의 기쁨을 다시 나눌 수 있어야 진정한 추억의 물건이라고 할 수 있다. 게다가 아이들은 자신이 태어나 처음으로 입은 옷이나 탯줄을 보면서 무척 행복해한다. 본인이 세상에 태어났을 때 얼마나 소중히 여겨졌는지 느끼는 것 같다.

소중하다면 그에 합당한 대우를 해주자. 배냇 액자라는 것이 있다. 신생아용 물건만 작은 액자에 모아 아이 방에 걸어주면 된다. 이 액자 하나만으로도 아이는 본인이 얼마나 사랑받고 소중한 존재로 여겨지는지 알게 된다.

아이의 성장과 함께 쌓인 육아일기, 아이가 만들거나 선물 받은 물건들을 소중히 보관하는 집이라면 아이의 손이 닿는 자녀 방 수납장에 리빙박스를 하나 놓아주자. 그곳에 아이 스스로 추억의 물건을 골라 모을 수 있는 공간을 마련해주면 좋다.

박스에 담아 창고에 넣어놓으면 아무도 그 가치를 느낄 수 없다. 추억의 물건이란 소유자가 수시로 꺼내서 볼 수 있는 것이어야 한다. 일상에서 과거의 기쁨을 누릴 수 있게 해주는 것이 추억의 물건인 셈이다. 추억의 물건은 그런 대우를 받을 때 가치가 있다.

한 줄 Solution

소장해야만 하는 추억의 물건은 언제든지 일상으로 소환할 수 있도록 수납하자.

Part 3.

당신의 삶을

정리해 드립니다

TIP

베테랑 정리 컨설턴트의 TIP

어떤 일이든 준비 과정이 번거롭다면 시작조차 힘들다. 어떨 때는 시작 전에 지쳐서 시도조차 하지 못한다. 어쩌다 한 번이더라도 편리하게 바로 사용할 수 있는 공간 활용 방법을 소개하고자 한다.

이럴 수가!
다리미질이 즐겁다니

외출 시 입을 옷이 없는 여러 이유 중 한 가지는 구겨졌기 때문이다. 항상 정갈하게 다리미질된 채 옷장에 걸려 있다면 입을 옷이 없다고 계속 사는 일이 현저하게 줄어들 것이다. 외출 시 옷 고르는 시간도 절약될 뿐만 아니라 외출하는 발걸음도 가벼워져 기분까지 좋아질 것이다.

문제는 다리미와 다리미판을 꺼내고, 옷을 꺼내서 자리 잡고, 다리미질을 마친 후에 다시 제자리에 가져다놓는 과정이 번거롭다는 것이다. 그러다 보니 옷을 다려서 깔끔하고 단정하게 정돈하는 일에 소홀해지고, 있는 옷도 제대로 입지 못한다.

Part 3.
당신의 삶을 정리해드립니다

　이러한 문제를 해결하려면 다리미질 과정을 번거롭지 않게 만들어야 한다. 드레스 룸에 벽걸이형 다리미판 걸이를 설치해보자. 보통 드레스 룸에는 전신 거울을 설치하는데, 그 자리에 다리미판이 부착된 선반을 설치해보자. 언제든 필요한 옷을 뚝딱 다려낼 수 있다. 심지어 즐겁기까지 하다.

　공간 편집의 목적은 발달 주기와 직업과 취미 등을 고려해 불편한 부분을 편리하게 개선하는 것이다. 이것이 전략적 미니멀 라이프다.

한 줄 Solution

다리미질이 쉬워지는 방법은 동선을 줄이는 것이다. 벽걸이형 다리미를 설치해보자.

행복이 흐르는
취미 공간의 정석

그날이 그날 같은 일상에 취미가 더해질 때 우리 삶은 좀 더 활기차고 생동감 넘치게 된다. 취미로 시작한 바느질로 조각보 작가가 되어 전시회를 열기도 하고, 아이들에게 직접 만든 옷을 입히고 싶어 시작한 양장 덕에 본인의 행복지수가 올라가기도 한다. 시간 날 때마다 그린 그림을 본인 SNS에 올렸을 뿐인데 전시회 제의를 받고 사업으로 확장하는 사례도 있다.

취미란 하고 싶어서 하는 일이지만, 꾸준히 하다 보면 예상 밖의 결과가 선물처럼 찾아오기도 한다. 그렇지만 사람들은 하고 싶은 일이 있어도 '시간 없다, 공간이 부족하다'는 평계로 하루하루 그냥 흘려보내기 바쁘다. 재료만 구입한 다음 리빙박스 안에 차곡차곡 넣어서 발코니나 창고 방에 쟁여놓기도 한다.

가지고만 있으면 어떤 물건도 빛을 발하지 못한다. 쓰임을 다해야 의미가 있는 것이다. 아이에게 옷을 만들어 입히고 싶다면 이름뿐인 재봉 방을 다시 정돈하고, 그곳에 행복을 더해보자.

취미의 동선을 그려보라

취미 방으로 재봉 방이 있다고 치자. 쌓인 원단은 꺼내기 힘들고, 책상이 없어서 옷본 그리기도 어렵다. 원단을 들고 나와 식탁 위에서 그리고 자르다 보면 집 안 여기저기가 어수선해지고 치우기도 힘들어진다.

어떤 일이든지 순서가 있다. 그 순서에 맞게 가구를 배치하고 동선을 확보하자. 옷을 만들려면 먼저 옷본을 골라 원단 위에 그려야 한다. 즉, 옷본을 넣어둘 책상과 책장이 필요한 것이다. 꼭 새로운 가구를 구입하지 않아도 된다. 집 안 어딘가 효용성이 떨어지는 책장과 책상을 옮겨와 순서대로 배치해보자.

책장에는 옷본을 수납하고, 책상 위에서는 옷본을 꺼내 재단한다. 원단 다리미질도 책상에서 할 수 있어야 한다. 그래야 바느

질이 밀리지 않는다. 다리미질이 끝난 후 바로 뒤돌아 앉아 재봉할 수 있다면 가족을 위해 옷 만드는 시간이 어찌 행복하지 않을 수 있겠는가?

원단을 쌓아만 놓으면 찾는 일부터 어렵게 느껴진다. 원단을 접어서 쌓아놓는다는 고정 관념을 버리자. 책처럼 세로로 수납하면 한눈에 원하는 원단을 쉽게 찾을 수 있다.

하고 싶은 취미가 있다면, 무엇이든 한 장소에서 시도할 수 있도록 동선을 그려보자. 좋아서 하는 일은 삶을 바꾸어준다.

한 줄 Solution

일의 순서에 맞게 가구를 배치하고, 동선에 맞는 물건을 수납하자. 수납의 해법은 동선이다.

Part 3.
당신의 삶을 정리해드립니다

재택근무 두렵지 않은
심플 서재 만들기

    코로나19의 여파가 다양하게 나타나고 있다. 수납 정리와 공간 편집을 하는 사람으로서 가장 많이 듣는 이야기 중에 하나가 일할 공간 확보가 어렵다는 것이다. 서재가 따로 있지 않는 한, 재택근무 때문에 집에 사무실 같은 공간을 만들기는 어렵다.

    주거 공간이 넓지 않다면, 벽걸이형 선반 책상을 추천한다. 벽걸이 액자형 책상과 선반형 책상도 있다. 평소에는 액자나 선반처럼 보이지만 액자를 앞으로 잡아당기기면 짠 하고 책상이 나타난다. 재택근무가 아니어도 나만의 공간 확보용으로, 좁은 공간을 넓게 사용하는 방법으로 추천하는 아이템이다.

서랍장 하나를 놓을 수 있는 공간이 있다면, 서랍장 겸용 책상을 추천한다. 이런 형태의 가구들은 선반만 열면 책상으로 변할 뿐만 아니라 하부 공간을 수납공간으로 사용할 수 있다. 선반만 닫으면 순식간에 깔끔해지는 효과도 있다. 재택근무 이외에도 여러 용도로 사용할 수 있는 가구라 홈 스타일링 시 많이 추천한다.

한 줄 Solution

벽걸이 액자형 책상이나 선반형 책상, 서랍장 겸용 책상을 배치해 나만의 공간을 확보하자.

확장형 아파트라
발코니 수납장이 없다고요?

가족 구성원도, 물건도 많지 않은데 어수선한 집들이 있다. 대부분 확장형 아파트라 발코니 수납공간이 없기 때문이다. 팬트리 공간도 없거나 협소하다. 계절 용품이나 취미 용품, 잡화를 수납할 공간이 없다 보니 공간마다 자리 잡지 못한 물건이 어수선하게 널려 있을 수밖에 없다. 이런 문제를 해결하겠다고 주거 공간에 스피드랙을 설치하고, 리빙박스에 물건을 담아 선반에 올려놓는다.

주거 공간에 스피드랙을 설치하는 순간부터 그 공간은 창고가 되어버린다. 본래 공간의 용도를 상실해버리는 것이다. 게다가

지저분해 보이기는 마찬가지다. 이런 상황일 때 주로 장롱을 추천한다. 당연히 옷을 수납하는 장롱은 별도다. 온전하게 계절 용품이나 취미 용품들을 수납하기 위한 가구다. 수납할 물건의 크기에 맞게, 옷봉 대신 선반만 설치하면 된다.

자가인 경우에는 웨인스 코팅형 키큰장을 깊게 구성해서 설치하기를 권한다. 인테리어와 수납 효과를 모두 볼 수 있기 때문이다. 아직 자녀가 어린데 앞으로 사용할 용품은 많고, 수납공간이 부족할 때는 아이가 자라나면서 사용할 방 옷장에 선반을 설치하는 것도 좋다. 그곳에 유아 용품을 수납하는 것이다. 결국 아이가 사용할 옷장이기 때문이다.

모든 공간의 용도를 잃지 않으려면 당장만 생각하지 말고, 가구를 신중하게 골라야 한다. 앞으로 변화할 가족 발달 주기를 고려하면 어려운 선택이 아니다. 잡화든, 취미 용품이든, 계절 용품이든 우리 가족이 필요로 하는 물건이다. 필요할 때 편하게 사용하고 제자리에 돌려놓을 수 있도록, 집을 만들어주어야 한다.

가구 구매에 부담부터 느끼는 고객들에게는 이렇게 말해준다. 우리도 밖에 나와서 일과를 마치고 돌아갈 집이 필요하듯이, 물건들에게도 돌아갈 집이 필요하다고. 그렇게 설명하면 다들 쉽게 이해한다.

Part 3.
당신의 삶을 정리해드립니다

　가구 가격도 천차만별이니 상황에 맞춰 선택하면 된다. 중요한 것은 가구 구매 자체가 아니라 내 생활을 원활하게 만들어주는 시스템이다. 사용하기로 결정한 물건이라면 동선에 맞는 제자리를 찾아주자. 그러지 않으면 물건이 나를 위해 존재하는 것이 아니라 일상을 방해하고 스트레스만 주는 존재로 변질된다. 가족 발달 주기에 맞는 공간 편집은 원하는 삶이 이루어지는 문을 여는 것이다.

한 줄 Solution

확장형 아파트라 발코니 수납장이 없다면, 일반 옷장에 선반을 설치할 수 있다. 일상에서 사용하는 잡화 수납 공간을 반드시 확보해야 한다.

BEFORE & AFTER

실전 정리 컨설팅
비포 앤 애프터

몇 년 전만 해도 정리 컨설팅 현장에는 물건이 많았다. 당연한 일이다. 물건이 많아서 정리 정돈이 되지 않으니 전문가의 도움이 필요한 것이 아닌가? 그런데 요즘에는 공간이 부족한 것도 아니고 물건이 많은 것도 아닌데 컨설팅을 의뢰하는 사람이 점점 많아지고 있다. 나를 위한 공간 최적화는 물건이 많고 적음의 문제가 아니라는 것이다. 중요한 것은 공간이 담고 있는 사람이다. 내가 하고 싶은 일을 할 수 있는 공간과 그 공간의 편의성이 확보될 때 정리 컨설팅이 완성된다.

Part 3.
당신의 삶을 정리해드립니다

1 은퇴 시기 부부의 알파룸 컨설팅

은퇴를 앞둔 맞벌이 부부의 주거 공간 중 알파룸이다. 치열하게 살아오느라 정리 정돈할 시간이 없었다고 한다. 말끔하게 치우고 편안한 노후를 보내고 싶다는 것이 고객의 요구 사항이다.

BEFORE

용도를 설정해주지 않아서 잡동사니로 가득 차 있는 공간이다. 책장과 사무 용품 등을 보관하며 서재의 역할도 하고, 다용도실 공간도 겸하고 있었다. 특정한 용도가 없다 보니 놓을 공간이 필요한 물건이 생기면 모두 이 방으로 모였고, 온갖 잡동사니가 섞여 발 디딜 틈 없이 복잡한 공간이 되었다.

은퇴 이후의 가장 큰 특징은 갑자기 여가 시간이 많이 주어진다는 것이다. 제2의 인생을 잘 꾸리려면 이 시간을 주체적으로 잘 활용해야 한다. 하고 싶은 일이 무엇인지 정확히 인지하고, 그 일을 할 수 있게 공간을 편집하는 것이다. 남편은 은퇴 후 역사 가이드를 준비하고 있고, 아내는 봉사활동을 하고 싶다고 했다. 은퇴 후에도 새로운 공부와 작업이 필요한 이 부부에게 필요한 공간은 서재였다. 잡동사니를 깨끗이 비우고, 책상과 책장만 배치함으로써 집중할 수 있는 환경을 조성했다.

Part 3.
당신의 삶을 정리해드립니다

² 4인 가족의 주방 컨설팅

맞벌이 부부와 올바른 식습관을 형성해야 하는 미취학 아동이 두 명 있는 가족의 주방이다. 주방을 주로 사용하는 엄마의 편의에 맞춰 아이들을 돌보면서 요리도 할 수 있는 공간을 요청했다.

BEFORE

47평 집의 넓은 주방이지만, 디귿 자 형태의 싱크대와 냉장고의 동선이 너무 길고, 주방 발코니에 딸린 세탁실로 가는 구조라 공간이 많이 죽는다. 이 가족에게는 비효율적이다. 생산적인 공간이라 할 수 없다. 이 가족의 주방은 수납보다 동선 정리가 시급했다.

우측 공간에 주방 싱크대의 기본 동선으로 가전 가구를 배치했다. 냉장고, 키큰장, 준비대, 개수대, 조리대, 가열대의 순서다. 가장 효율적인 동선으로 음식 준비 시간을 줄였다. 좌측 공간에는 주방 발코니에 있던 세탁기와 건조기, 청소기 등을 들여와 시간과 에너지를 아낄 수 있게 만들었다. 자녀들과 함께하는 시간에 집중할 수 있게 공간을 구성한 컨설팅이다.

Part 3.
당신의 삶을 정리해드립니다

3 3대가 함께 거주하는 가족의 거실 컨설팅

3대가 함께 거주하는 집의 거실이다. 가족이 함께할 수 있는 공간의 확보가 요구 사항이다.

BEFORE

책을 많이 읽어야 하는 고객의 직업 특성 때문에 곳곳에 책으로 가득 차 있다. 3대가 함께 거주하는데도 함께할 수 있는 공간이 없다. 이직으로 필요 없어진 책들을 치우고 가족이 모일 수 있는 공간을 만들어야 한다.

귀가하는 가족들을 반갑게 맞이할 수 있도록 현관이 대각선으로 보이는 쪽으로 소파를 배치하고, 한 사람이 식사하더라도 옆 소파에 앉아서 대화할 수 있는 공간으로 구성했다. 컨설팅 전에는 주방에서 혼자 밥 먹을 때 쓸쓸했는데, 늦은 시간이어도 옆에 누군가 한 사람이 함께 있으니 포근함이 느껴진다고 한다.

부록

우리 집
정리 정돈 보고서

지금까지 이 책에서 말한 정리 정돈의 시작은 '내가 이 공간에서 무엇을 하며 살고 싶은지' 생각하는 일이다. 그 공간에서 무엇을 하고 싶은지만 결정되면 정리 정돈 방법은 자연스럽게 결정된다. 다음 과정을 따라 우리 집 정리 정돈의 콘셉트를 생각해보자.

STEP 1 하고 싶은 일 적기

내가 하고 싶은 일들을 나열해보자. 이때 중요한 점은 일상에서 의무적으로 하는 일이 아니라, 내가 무엇을 할 때 가장 즐거운지 혹은 나의 발전을 위해 해야 할 일이 무엇인지 생각해보는 것이다.

STEP 2 언제 어떻게 할지 생각하기

그 일을 해낼 방법을 고민해보고, 언제 어떻게 할지 생각해보자.

STEP 3 어디서 할지 결정하기

집에서 그 일을 진행할 공간을 확보하자. 별도의 방을 꾸미면 가장 좋겠지만, 여유 방이 없는 경우가 많다. 그럴 때는 공용 공간이나 개인 공간 한쪽에 선반이나 커튼을 설치해 공간 분리만 해줘도 충분하다.

STEP 4 동선 만들기

목표한 일을 실행하기 편리한 동선으로 가구나 용품을 배치하자. 어떤 물건이든 내가 활용하기 편리한 곳이 바로 그 물건의 제자리다.

예) STEP 1. 건강을 위해 꾸준히 운동한다.
　　STEP 2. 저녁 식사 후 1시간씩 스트레칭을 한다.
　　STEP 3. 여유 방이 없어 거실에 운동 공간을 만든다.
　　STEP 4. 길이가 긴 요가 매트를 둘둘 만 후 바구니에 담아 거실 소파 옆에 놓아둔다.

STEP 1 하고 싶은 일 적기

건강을 위해 꾸준히 운동한다.

STEP 2 언제 어떻게 할지 생각하기

저녁 식사 후 1시간씩 스트레칭을 한다.

STEP 3 어디서 할지 결정하기

여유 방이 없어 거실에 운동 공간을 만든다.

STEP 4 동선 만들기

길이가 긴 요가 매트를 둘둘 만 후 바구니에 담아 거실 소파 옆에 놓아둔다.

KI신서 10479
인생을 바꾸고 싶다면 서랍부터 정리하세요

1판 1쇄 발행 2022년 12월 7일
1판 2쇄 발행 2023년 11월 1일

지은이 이은영(더 프레젠트)
펴낸이 김영곤
펴낸곳 (주)북이십일 21세기북스

콘텐츠개발본부 이사 정지은
인문기획팀장 양으녕 책임편집 이지연
디자인 엘리펀트스위밍
출판마케팅영업본부장 한충희
출판영업팀 최명열 김다운 김도연
마케팅1팀 남정한 한경화 김신우 강효원
마케팅2팀 나은경 정유진 박보미 백다희 이민재
e-커머스팀 장철용 권채영 전연우
제작팀 이영민 권경민

출판등록 2000년 5월 6일 제406-2003-061호
주소 (10881) 경기도 파주시 회동길 201 (문발동)
대표전화 031-955-2100 팩스 031-955-2151 이메일 book21@book21.co.kr

(주)북이십일 경계를 허무는 콘텐츠 리더
21세기북스 채널에서 도서 정보와 다양한 영상자료, 이벤트를 만나세요!
페이스북 facebook.com/jiinpill21 포스트 post.naver.com/21c_editors
인스타그램 instagram.com/jiinpill21 홈페이지 www.book21.com
유튜브 youtube.com/book21pub

당신의 일상을 빛내줄 탐나는 탐구 생활 <탐탐>
21세기북스 채널에서 취미생활자들을 위한 유익한 정보를 만나보세요!

© 이은영, 2022
ISBN 978-89-509-4258-8 13590

· 책값은 뒤표지에 있습니다.
· 이 책 내용의 일부 또는 전부를 재사용하려면 반드시 (주)북이십일의 동의를 얻어야 합니다.
· 잘못 만들어진 책은 구입하신 서점에서 교환해드립니다.